イギリス革命講義

クロムウェルの共和国

転換期を読む13

トマス・ヒル・グリーン◆著

田中浩・佐野正子◆訳

未來社

イギリス革命講義――クロムウェルの共和国❖目次

凡例

一、本書は Thomas Hill Green, 'Four Lectures on the English Commonwealth,' in *Works of Thomas Hill Green: Vol. 3, Miscellanies and Memoir*, R. L. Nettleship (ed.), London, 1888 の全訳である。この講義は一八六七年末から六八年一月にかけて英エジンバラ哲学協会において行なわれた。

二、原註は☆、訳者註は★で示し、それぞれ各講末にまとめた。

三、巻末の人名索引には主要人物の解説を付した。

イギリス革命講義——クロムウェルの共和国

装幀――伊勢功治

第一講

これからお話しいたしますイギリス革命の時代は、歴史上もっとも多く取り上げられる時代のひとつです。ただ、この時代は、一七八九年のフランス革命がフランス人にとっていまだに歴史的に画期的な時代として強烈な魅力をもっているほどには、イギリス人の心を引きつけないかもしれません。なぜなら、イギリス革命は、イギリス人にはもはや過去の歴史的な事件と思われているのにたいして、フランス革命は、フランス人にとっては現在でもなお進行中の政治・社会運動であると思われているからです。わが国の革命はすでに過去のものとして、それはわたしたちが現に生きている世界とはきわめて次元の異なる別世界に属するものとみなされています。しかしながら、それは実際には現在と断絶してはおらず、革命の影響力は、革命後のさまざまな政治的運動や革命への反動のなかに見てとることができます。もっとも、ヨーロッパ社会において現在見られる思想潮流[★1]は、イギリス革命とはまったく別の、より広範囲な内容をもっているように思われます。わたしたちは革命を外側から観察するにはあまりにも現在の思想潮流にどっぷりひたり切ってしまっているかもしれませんが、この思想潮流から少しく距離をおいて客観的に革命を考察することができれば、イギリス革命についてより明確で確固たる視点を定めることができるかと思います。

しかしそのように言えるとしましても、また、歴史学者にとってその時代をめぐる問題点が他の時代よりも明らかになった時代であるとしましても、革命の性格が実際に偏ることなく明らかにされてきたかといえば、それにはいささか首を傾けざるをえません。なぜなら、一方で、革命を支持した歴史家たちは「冷静さを失って」革命の経過を描いてきましたが、他方で、慎重な歴史家たちはきわめて冷ややかに革命を考察してきましたので、革命で活躍した人物たちの情熱や目的をかれらはほとんど描きだすことができなかったからです。このような後者の冷やかな考察方法に反発して、歴史における個人の役割を大胆にきわだたせて革命を描いてみせたのが、カーライル氏でした。しかしかれのやり方ですと、革命を取り巻く外的状況や慣習や制度が、個々の人間に内外部から働きかけ、人びとの意志形成に影響を与えるとともに、かれらが実現しようとする意志を打ち砕いてしまう障害物ともなりうることを見すごしてしまう恐れがあります。その結果、そうした考察は、その人物にまつわる悲劇の本質を見落とすことになります。現代生活においては、ナポレオンがゲーテに語ったように、政治における必然性はギリシア古代劇における「運命」に相当します。世界を新しく塗り変えるほどの力をもち、世界を変えたのは自分の力によるものだと誇らしく思っている歴史上の英雄といえども、かれの知らない過去からの霊感を受け、それによってかれ自身の意志や構想力からは思いも及ばないような未来を構築するのです。摂理は英雄の情熱や切望に沿うかたちで働くというよりも、長期的であいまいなかたちで働きかけ、英雄は摂理に仕えていくのです。そして遅かれ早かれ、英雄は運命との空しい闘いに身をすり減らすか、あるいは自分の良心や人びとの判断に照らして身をおとしめたとしか思えない仕方で、みずからを運命にあわせていくしかないのです。

　人間の創造的な意志と、それを妨げるこの世の隠された知恵とのあいだの悲劇的な闘いのなかに、「偉大なる革命」の大義があるのです。しかし、今日の党派的精神は、この大義を主張する勢いを失っています。保守主義の側も自由主義の側も、あるいは寡頭制的支配層の側も「熱狂的平等主義者」の側も、この闘いのなかで、みずからの立場を主張できるほどの大義を見いだしえないでいます。すなわち、この革命の大義をめぐる闘いのなかで、一方の側は国王の特別な愛顧を受けて階層制的支配をおこなおうとしており、他方の側は神の恩寵にもとづく自由の拡大を求めています。そして党派的精神が不適切であるならば、どちらの側であれ、権力を用いるさいの行動は適切なものとは言えません。そして、そうした党派的精神にもとづいた粗野な思想や品位を欠く発言から、国家や階級の政治的能力を判断しようとするときには、政治的な立場による考察よりも批判精神によって洞察することのほうがすぐれていると思われます。それと同様に、過去の時代の情熱などを偽りとみなし、無節操さを信念の欠如として捉え、また個人への配慮や世間のしきたりを無視して目標へ向かって一直線に突き進む活力を、権力拡大を求める利己的本能とみなすときには、わたしたちの批判的精神には歴史的見識が必要です。しかし、もしわれらの英雄に安っぽい名誉を与えることで、かれ自身の行く道を超える崇高なる諸目的を軽蔑したり、かれの手に負えない強力なあの「必然」のなかに非合理性のみを見るということであれば、神と、この世における神の働きの合理性を汚すことになるでしょう。

短命に終わったイングランド共和国《コモンウェルス》時代★2について語るにさいし、わたしは、以上に述べた二つの相反する偏見を避けて、イギリス革命を宗教改革に始まる闘争の完成への最後の一幕として取り上げたいと思います。宗教改革期には、諸派がそれぞれに理性を用いてみずからの主張と行動を正当化しました。宗教改革は一見、失敗に終わったかのように見えますが、決してそうではなく、その闘争のなかで活躍した勢力のうちで明らかに優位を占めた主張とそれとは異なる主張をもつ諸勢力とが和解する道を準備していたのです。さて、わたしの話がイギリス革命を語るにはあまりにも遠い過去の時点から始めているのではないかと思われるかもしれませんが、なぜ宗教改革から始めなければならないかについては、今後の話のなかで明らかにしていきたいと思います。

周知のように宗教改革は、キリスト教共同体の統一に亀裂を生じさせ、霊と肉の対立問題と同じくらい古くから存在した問題を新しい形態で捉えなおすことを可能にさせました。そしてその亀裂は、人間の本質を根底から問いなおすことまでをも要求し、人間を、自分自身と対置して外界と関連づけさせ、またこの外的世界の特質とそこにおける真実とを受け取るように結びつけつつ、人間をして自己決定や自己充足の精神をもつ存在にしました。聖パウロの眼には、外的な宗教儀式は霊とは相容れない肉に属するものと見えました。しかし、それでも外的な宗教儀式は霊の教師でありつづけました。霊は外的な儀式のかたちをとって具体化され、キリスト教社会の構築に力を尽くしたのです。

西欧キリスト教は、宗教改革の時期までは依然として本質的には儀式的キリスト教のままにとどまっていました。教会と国家の対立、教会法と世俗法の対立は、がんらい、霊とこの世との対立ではありませんでした。また、教会と教会法は、それまで、理性の問題とされることもありませんでした。したがって教会の権威もまた理性的なものとしては認識されていなかったのです。儀式的教会が人びとに求めた服従は、子としての服従ではなく、奴隷としての服従でした。教会と教会法を通して支配したキリストとは、「肉に従って知るキリスト」★3であるにすぎなかったのです。聖ペテロがイエスに示した「二本の剣」★4は、中世では教会と国家という二つの権威を象徴するものとして理解され、事実、二本の剣は、二つの権力が同等のものであるということをいみじくも表明していると考えられていたのです。これらの剣は教会においても国家においても世俗的な武器であり、これらの剣の目的には本質的な違いはありませんでした。教会も国家も霊の問題を扱うことはありませんでしたし、また霊も傷つけられていると感じることはありませんでした。ダンテのような当時の優れた知識人にとっては、教会と国家が協調関係にあることはよいことであるとは思えませんでした。なぜなら、霊的なものと世俗的なものとは別の次元のものであるという理由のもとに、教会と国家の主権の対立とはいえ世俗内的な対立として捉えられ、外界の同じ領域のなかで、一方が他方を干渉したり、あるいは補強しあったり、結びついたりしていたからです。教会と国家は、慣習と儀式という領域をともに築き上げ、一方、無限なる霊は、教会や国家によって制限されていると感じることはありませんでした。

しかしながら、宗教改革には前史がありました。一五世紀全体を通じて宗教改革を実現しようと努力しただけではなく、宗教改革とは正反対にあるように見えた運動のなかにも、はるか以前から生じていた同じ精神的苦悩があり、それが宗教改革へと結びつけられていったのです。たとえば、儀式の下におおい隠されてしまったキリストを、パレスチナにおいてこそ見いだしたいという願望のなかに、また広く確立されていた安逸な慣習から離れ、清貧と瞑想の修道生活を求めることのなかに、あるいは霊との調和をめざしつつ教会教義を体系づけたスコラ派の努力のなかにも、宗教改革につながる線を見ることができます。しかしながら外的権威としての教会は、これらすべての運動を統括し、いわば教会は十字軍の司令官でした。教会は、修道生活の様式に一定の儀式的規律をもたらし、またスコラ学者の学問の営みも、その結論は教会に握られていました。しかし理性が教会の殻を打ち破ろうとする努力は、教会の締めつけを困難にしていきました。そして、理性が内面のもつ権利をますます意識するようになるにつれて、外的制度へ黙従することは見せかけのものとなり、教会に公認された教義は空理空論になっていきました。その結果、ルターは神との自由な交わりを抑圧していた教会への隷従というくびきに疑問を感じるようになり、ついに教会にたいして霊的に反抗するまでに至ったのです。「信仰義認」[★5]と「万人祭司」[★6]が宗教改革の二大モットーであります。そして、この改革の二つの合言葉は、それぞれに霊と外的権威との新しい関係を示していたのです。ルターの言う「信仰」とは、それまで教会が説いてきたものとはまったく異なった内容にまで引きあげられました。それはもはや、権威が主唱した教義を盲目的に信じることを意味しなくなりました。従来は教会の権威がなければ「不信仰者」は救いの対象外におかれていました。聖パウロにとっては信仰とは、個人が外的儀式の束縛から自由となることを許す連続的なおこないであり、キリストと結びつくことによって、神との霊的な関係が築かれる、その原点でした。その線に立つルターにとっては、信仰とは人間が偽りの自己——儀式と俗説に取り囲まれた自己——から抜け出て、「キリストの人格を着る」[★7]にいたることです。たしかにスコラ哲学の亡霊がいまだルターにつきまとっていたため、かれは、信仰とその他の徳との関係について本道からそれてくどくどと論じています。しかしながらルターの本来の考えでは、信仰とは、実際に証明できる有限的な徳などではまったくなかったのです。ルターによれば、信仰とは無限なる神との結びつきを意識するなかで、有限で相対的な徳自体をもすべて取り込んでしまうものです。さらに、霊はすべての事柄を、キリストによって啓示された奥義として、神についての深遠な事柄さえも、探求するのです。それによって、わたしたちの信仰に反する儀式は取り除かれました。こうして良心はあがなわれた世界を自由に動くことができるのである、とルターは言うのです。☆1

　では、魂の自由と権利についての新しく生まれた意識を、いかにすれば、利己的権益と動物的本性への黙従にもとづく制度への従順と調和させることができるでしょうか。また信仰者の魂にたいする神の支配を、いかにすれば、神の霊が働くのを抑える教会や、口先だけで神をあがめている国家における神の支配と、合致させることができるでしょうか。このことが、宗教改革がヨーロッパ社会に実際に投げかけた問題でした。この問題は、ミュンツァー率いる再洗礼派★8によってはじめてきわめて粗野なかたちで提起され、その後、宗教改革を必要と感じたすべての国にじわじわと影響を与えました。人間の内と外、理性と権威、霊と肉、個人と既存の権利の世界など、これらのあいだの対立は、もはやたんなる学派間の対立の問題ではなく、キリスト教共同体の市民生活全体の問題となりました。そして、そうした対立は、イングランド共和国において起こった闘いの本質を明らかにするための正しい方法を示しています。

　この闘いの意義は、より広いキリスト教共同体のなかのひとつの舞台として、また宗教改革の完成として、またカトリック側からの反動にたいする闘争として、その闘争に加わったすぐれた知識人たちによって正しく捉えられていました。イングランドの宗教改革が形成しようとした独特の形態のなかに、宗教の発展や間接的には政治的な発展方向が、プロテスタント国家のドイツやフランス、南ヨーロッパがそれぞれに獲得してきたものとは異なっている原因を見いだすことができるでしょう。霊的な力が宗教改革において演じたあり方が、他の国ぐにではどのようになされたかを考えてみてはじめて、イングランドにおける革命と和解の本質を理解することができるのです。そしてこれらの各国における宗教改革のあり方は、イエズス[★9]会型、宗教と世俗の分離型、宗教の政治への完全吸収型などに要約できましょう。カトリック教会が、個人の霊的充足の要求という新しい緊急事態に直面したとき、おおむねイエズス会が力を発揮しました。もし当時の生活が健全な状態であれば、そのような余地はまったくなかったでしょう。しかし、中世のカトリック教会では、教会という外的制度が示す世界以外に魂の世界を考えることはできなかったのです。そこでは確立された儀式に反対すれば、それは罪であり、カトリックの儀式を信奉する者だけが罪を赦されました。しかし、魂は、善と悪のそれぞれの特質に結びついたあらゆる儀式から解放され、良心は霊の世界に目覚めて、新しい霊的な導きが必要となりました。そして、理性の力が法それ自体になるほどに十分に強ければ、個人の良心にもとづいて聖書が解釈され、霊的な導きを聖書のなかに見いだしたのです。教会の権威がその力を保持していたところでは、司祭は個人的経験についてきわめて内密な事情を聴き、また個人の抱く不安や願望を聴くためにひんぱんに会って個人的に答えることによって、新しい導きを人びとに与えてきました。イエズス会の修道士たちは、教育者としてあるいは告解を聴く司祭として、そうした行為をおこなうことが可能でした。しかしそれは、公認されていた礼拝式の務めを果たすことをないがしろにして、個人を義とするための精妙な仕組みを作りあげることになったのです。一方、「内なる光」についてのプロテスタント教会の理解は、その解釈がいかに法外なものであっても、「内なる光」が普遍的法を明らかにするという考えを深めるものでした。したがって、こうしたプロテスタントの「内なる光」という考え方は、一方では、クエイカー★10に見られるように、世界市民的な博愛主義にたいする壮大な情熱を生みだしましたが、他方、イエズス会においては、公的な精神はすべて失われてしまいました。すなわち、イエズス会では、個人の魂を満足させ、個人の情熱を理性で隠し、決疑論的な表現によって個人の魂と教会を和解させたのです。このことは魂を救いはしますが国を滅ぼすことになります。それはこの世の国々がもつ法よりも崇高な法を求めているからではなく、救いを心の渇望を満たす自己探求の過程として捉えているからです。南ヨーロッパでは、イエズス会は独自の道を歩みました。ときには暴君を弁護し、ときにはフランスにおける「カトリック教徒同盟★11」の場合のように、暴君殺害を正当化したりしましたが、つねに言えることは、イエズス会は、理性的な自由を抑圧してきたということです。また、イエズス会は、統治者の助言に従って国家を非理性的なるものに仕立てて、国家を普遍的な権限を冷静に表現する機関ではなく、欲望と恐怖がこもごも突発する気まぐれな個人的な機関にしたのです。またイエズス会は、被統治者の言いなりになって、かれに個人的な利権をゆるしたりもしました。その場合、邪悪な放縦を黙認したり、そのような放縦を許す宗教的熱狂のかたちをとったのでした。つまり、イエズス会の人びとは、母国の制度にはもはや積極的に従おうとはせず、一方、ピューリタンのようにその社会にふさわしい新しい法律を良心に基づいて制定しようともせずに、霊的恐怖心を巧みに用いて、国家権力と取引したのです。一七世紀のスペインや南ドイツにおいてきわめてはっきりと示されていますように、イエズス会の人びとは放蕩者となるか、あるいは帰依者となり、決して国家に従おうとはしなかったのです。

　そしてこのような方向をとりますと、内的利害と外的利害の対立は、内的利害が圧倒的に優勢となり、国家が恣意的に支配するに任せ、道徳的人間を形成するために必要な外的なはたらきかけを失わせるようになります。カトリックの国ぐにがそうした結果になるのを免れ、あるいは道徳的優位の国に回復できたとすれば、それらの国ぐにが、宗教上のすべての個人的利害をしだいに消し去っていったか、あるいは個人的利害を厳格に制限することができたときにです。しばしば指摘されますように、ラテン語圏の国の人びとは、ゲルマン語圏の国の人びととは異なり、霊的完全性を目ざすという本能はもちあわせてはいません。かれらは、宗教と倫理が調和のない行動原理のままであっても、また、霊的に分離していてもなんら気にしません。それゆえ、それらの国ぐににおいては、政治的あるいは社会的な関心が、教会とは完全に独立して増大し、合理的な規則ある組織体を作りあげているのを見ることができます。そうしたことをプロテスタントの政治家は、ときにはねたましく思うことがあるかもしれません。それはときに世俗化を目ざす計画に宗教的な問題が入り込んできて、挫折させられるからです。同時に、カトリックの国ぐにでは宗教は規制されており、イエズス会のような世俗生活への干渉をしかねない機関は注意深く監視されています。そのような統制のもとにおかれていますと、市民にとっては、宗教はたんなる儀式的なものとなり、宗教にたいする市民の態度はたんに受動的なものとなります。そこで宗教はせいぜいのところ、市民の社会生活における心の空白を埋めたり、死にさいしての心の慰めを与えるにすぎないものとなります。信心深い者たちは、自分たちだけの仲間を作り、市民生活の活動とは疎遠となります。そして、そこでは、宗教は社会にたいして消極的な信徒や女性だけに永続的な影響を与えることになります。カトリックの国ぐにでは、前世紀の革命的信仰復興運動の影響のもとに社会の再組織化が達成されましたが、それは以上のような宗教の自己規制と社会にたいする消極性によるものなのです。最初に改革を達成したフランスでは、社会の再組織化がもっとも明確に実現されました。それは実にアンリ四世によって達成された諸利害の妥協の必然的な結果でした。

　ドイツでは、他の国ぐにでもそうでしたように、宗教改革によってキリスト教は活気づけられましたが、平和ではなく剣がもたらされました。しかしながら、そこでの宗教戦争は、ルター派自体の内部における教義をめぐる争いの結果というよりは、諸侯の暴力とハプスブルグ家の野心によってもたらされたものでした。北ドイツのプロテスタンティズムは、諸侯の庇護のもとに発展し、当初から国家の既存の制度と融和しておりました。そこでプロテスタンティズムは内部分裂を免れ、三十年戦争★[12]の時代までは、その生き残りをかけた深刻な闘いは起こりませんでした。プロテスタンティズムが生き残ったのは、みずからの力ではなく、グスタフの剣とリシュリューの外交によってでした。ドイツは、三十年戦争後、きわめて悲惨な疲弊した状態にありましたので、民衆は「ウェストファリアの平和[★13]」にもとづく「統一国家の形態を欠く無政府状態」のあいだ、封建諸侯の庇護と支配のもとにあり、みずからの宗教を主張することはできませんでした。この状況は、なにごとにも統一性を求めたがるドイツ人にとって、ルター派の領邦諸国において、世俗と宗教の対立が深刻化することを妨げました。ドイツ人は、そうした思考方法によって、教会と国家を同じ霊的組織の両面とみなすことにさほど困難を感じなかったのです。ドイツにとっては教会と国家の一方は他方にとっての必要な補完物とみなされ、両者はどちらもドイツ人の理性にとって好ましいものと思われました。しかし、実際の教会と国家はこの考えとは異なり、ドイツ人の統一性を求めようとする思考力が、実際にはいかに無力なものであったかは、イングランド人ならば言われるまでもなく先刻承知していることです。もっとも、すぐれて自由な霊の意識と世俗的な限界を調和させるさいに、また宗教上の争いによる分裂を解決するさいに、思考力の強さと実行力の弱さが結合する結果を検討することは重要です。わたしたちが「セクト主義者」という語で良かれ悪しかれ連想するすべてのことは、ドイツではまったく理解されません。たしかに理性と権威の対立は、ルターの国ではいまだになくなったわけではありません。その対立をめぐって戦いもあれば休戦もあり、また勝利する者もいれば犠牲となる者もいます。しかしその闘争の場になったのは、書斎や講義室であって、市場や教会ではありませんでした。

イングランドにおける宗教改革は、教会統治における教皇の権力を国王が奪い取ることから始まりました。もしもヘンリ八世が王妃カサリンとのあいだに王位継承者を残していたら、イングランドの宗教がローマ教会から分離するという事態には至らなかったでしょう。未成年であったエドワードの時代には、イングランドの教会はプロテスタントの改革派教会のなかでは、唯一主教制[★14]がある程度の独立を許容されつつ発展すると同時に、イングランドの伝統とは異なったジュネーヴに起源をもつ教会規律も妨げられることなく機能していました。しかしメアリ女王によるプロテスタントにたいする迫害は、イングランドへの影響を強めていた積極的なジュネーヴ型プロテスタント[★15]をイングランド国家から遠ざける結果になりました。そして次のエリザベス一世によって、「アングリカニズム」すなわち聖礼典を重視し、宗教儀式を尊重する主教制が確立されました。このような特徴をもつ主教制は、世俗権力に反対するなかで形成される組織の体系化に取り組まなければならなくなりました。この体系は、いわば良心の声が、そして宗教改革の喚起した外的儀式重視に反対する内的自己を主張する精神の完全な表現でした。以下そうした視点から、イングランドにおいてこの体系がいかなる影響を与えたかについて考察していくことにしましょう。

これまで見てきましたように、ルターの教義のもつ意義は、個人の魂を神との直接的な関係へと導いたことにあります。この教義から実際に導き出された結実は、第一には人びとが聖書を手にすることになったことであり、第二には説教の地位を高め、第三にはこれによって民衆のあいだに教育が普及したことです。個人の魂は神の声をきく権利を許されて、そのためのことばを必要とするようになりました。魂は、神に近づき、神の御旨《みむね》を理解しなければなりません。しかしその交わりは、内的でかつ霊的ですので、それを導く力が必要です。そして、その力となるのは、司祭や宗教儀式ではなく、信仰者が良心によって解釈した聖書のなかの神の霊の声なのです。このように宗教は内面化し、個別化されて、説教は魂が魂に働きかけるものとして、霊の交わりの自然な経路となるのです。それがプロテスタントの礼拝であり、その礼拝によって人の心は高められ、語られる神の声をきくことができます。したがって、教育もまた個々人が霊的に独立するのに役立つ手段となりました。

人びとの手もとに聖書があること、人びとがそれを読むことができること、そして、聖書について説教する牧師がいること、これがプロテスタントの信仰生活に必要な三条件です。そして、以上の三つの条件は、いたるところで抑えがきかない力となりました。イギリス人は、ドイツ人のような権力に黙従したり、ひとつにまとまろうとする傾向をもちません。あるドイツの哲学者の言葉を用いるならば、イングランド人は、ただちに「プロテスタントの生活の実現のために飛びだして嵐のように吹き荒れた」のです。そして、それに応えるための外的世界、つまり法体系、慣習、法令などを探求しました。聖書の法が直接的にいたるところで実行に移されただけでなく、聖書以外に起源をもつ法はすべて、キリストを頭《かしら》とする社会にとっての法ではないとされました。その結果、新社会と旧社会のあいだに決定的な断絶が生じました。

つまり、目的が明確な鉄槌《てっつい》を揮って古い社会を打ち壊し、新しい社会のなかで生きる者たちは、神による救済が予定された者たちとされ、かれら以外の人びとは滅びへと定められた世界の人びととされました。かれらは聖徒《セインツ》と呼ばれ、かれらのもつ特権には制限がなかったのです。かれらは、キリストの権限以外に同等の権限がこの世にあることを認めません。為政者の剣はかれらの手中になければならないし、その剣は、キリスト者に反対する者を罰するためのものである、とかれらは考えていました。

　しかし、そのような組織も、すぐさまふたたび束縛するものを新たに作りだし、その組織を破壊しはじめます。それはこれまで見てきましたように、外的な儀式では十分に表現することのできない、霊的な生活意識にもとづいていますが、その意識がキリストの法とこの世の法とのあいだの絶対的な――つまり絶対的と考えるゆえに誤った――対立を硬化させていったのです。しかしながら、キリストの法はこの世において実現されなければなりませんので、その当然の帰結によりこの誤った対立から新しい権威が導き出されました。その新しい権威は霊的なものではありますが、魂を「世俗の鎖」に縛りつけ、また誠実で倫理的に完全であって、聖徒とこの世の事柄とのあいだの妥協を許さないので、古い権威よりもきびしいものとなりました。そして、これらの魂の自由と束縛とが対立する傾向が、しばしば複雑にからみあい、ピューリタニズム自体のなかにもそうした対立があることは特筆すべきことです。ピューリタニズムは一方では共和国を作ろうとして一時的な勝利をおさめましたが、他方では、共和国が永続的に拡大することをはばみました。ピューリタニズムは、統治権をえようと奮闘していてまだその力が弱かったときには個人の尊厳を擁護していましたが、統治権を獲得するや、個人の尊厳を擁護できなくなるという矛盾に陥りました。

ピューリタニズムは、スコットランドでは長老制★[16]というかたちをとって優越的地位をえていましたが、イングランドにおいては、なお苦闘していました。スコットランドでは、「中間物」★[17]と考えられる事柄は許されないほどに絶対的かつ排他的に、実定法の体系は聖書のなかに見出されるべきであるという原則を実行したため、それは、教会統治と礼拝の絶対的統一を確立しただけにとどまらず、実際的には国家の主権者までをも作りあげたのです。そして、なんのためらいも疑念もなく、人びとの行為や意見さえも、聖書的なるものに一致させ、違反すれば刑罰に処することによって、「宗教改革の事業」を遂行したのです。イングランドでもピューリタニズムは理論的には同じでしたが、その置かれた立場は偶然にも異なっていました。そこでは、聖書が尊重されるのは実定法のためにでもなく、ましてや教会統治や儀式のためにでもなく、道徳的情熱や道徳原理の前進のゆえにであるとする人びとは、聖書の命じていないことは聖書が禁じていることであるという教義——はじめはこの教義はイングランド国教会にたいするピューリタン側からの表向きの反対理由であったはずでしたが——に賛成することはありませんでした。それとは対照的に、プロテスタント初期の主教たちの立場は、教会統治の事柄についての真の規定は実際的には便宜的なものであると考え、もしかれらの考えにあまりあわないことがあっても、この世の事柄の認めるべきところは認め、また現在のわたしたちを形成してきた慣習や制度は評価するという、より高度な知恵の表われである、と言えましょう。エリザベス朝期の偉大なピューリタンの論客であったカートライトの学者ぶった言葉と比較すると、フッカーの「賢明なる言葉」は真の哲学です。しかし、混乱した情勢のもとでは、理性的に完全な言葉でも、現在のために真に役立つ教訓や未来のためのより崇高な約束の言葉になるとはかぎりません。したがって、改革への情熱、すなわち儀式尊重主義の束縛から「内なる人」[★18]を解放する努力は、国教会よりもピューリタニズムの側にあったのです。ユダヤ人自身も、かつてユダヤ教の支柱を打ち倒しました。教会の限界はそれ自体に内在しています。ですから、外的儀式を重視する教会では、ついに柱を堅固なものにする機会はありませんでした。それにたいしてピューリタニズムは、改革への情熱のより大きな組織体に属し、それは感覚的で利害関係のある礼拝から、霊と霊の自由な交わりの重視へと宗教を変容させるものでした。そのため、それ自体の「土の器」[★19]に長く保つことができなかった諸要素を集めておくことができたのです。

　カートライトからミルトンへ至る道は、ピューリタニズムが高揚していった長い歩みでした。それはフッカーからロード、ヘイリンに至るまでのアングリカニズムの没落の歴史でもありました。フッカーの「教会統治論」には神学的工夫がこらされており、プロテスタント的良心と国家や社会の必要とを調和させようとするいかにも政治家らしい意図がかくされていました。ロードのアングリカニズムは、要するに、カトリック的反動の別名でした。政治上の変化が、神学の内容に変化をもたらしました。エリザベス女王の統治は国家第一主義でした。それにたいしてジェイムズ一世とチャールズ一世は、宗教は王室の利益になるためにそれを正当化することに専念すべきだとし、王室の発展をはかる以外のことは決して考えなかったのです。したがって、カトリック的反動が各地で起こると、宮廷派と主教派とが結合し、政治と宗教の関係を「問題視する」要求にたいしては、それを沈黙させる目的で両派は相互に利用しあいました。チャールズとロードは、どちらも心からの忠誠が致命的となった「イエズス会的良心」（もしこのような表現が許されるとしますと）を体現していました。ミルトンが述べていますように「個人の良心と公の召命とは別のもの」[★20]なのです。

チャールズとロードは疑いなくカトリックよりでしたが、そのことは、理由はなんであれ、聖職尊重主義者に与《くみ》することになりました。しかしそのような立場は自由の法をあえて探求しようとはせず、既存の制度のあり方についてなんら疑問を呈することなく、それを維持するためには、無慈悲な行為を慈悲とし、虚偽を真実として、神の働きを既存の制度のなかでしか考えようとしなかったのです。長期議会[★21]に先立つ一五年間における政策は、ときには非道きわまりないものであり、ときには取るに足りないものでしたが、そこにはある一つの目的が貫かれていました。「スポーツの書」[★22]の公布、演劇や儀式に反対する著作を書いた者への厳罰、カルヴィニズム[★23]にたいする迫害、富裕なピューリタンたちが国教会の主教の統制下にあるピューリタン説教師たちの説教を保護するために設けた聖書講師制度の抑圧、以上の事柄はすべて、人の魂が正当な権利や特権をもつという意識を、外部の抑圧に黙従するように仕向けるものです。こうした政策が、宮廷派や聖職尊重主義者たちの利益に役だっているものかどうか、また聖職尊重主義者の頭《かしら》が「聖ペテロから連綿と続く直系」である古来の教皇か、あるいは「カンタベリ大主教」かは、重要ではありませんでした。問題は、もしもピューリタンの抵抗がなかったならば、スペインや南ドイツのように、またフランスでもまもなくそうなったように、イングランドにおいても、自由は抑圧され、聖職者の指導のもとで独裁支配になってしまったに違いないということです。そして、その圧政は、市民生活を破滅させ、宗教を女性や狂信的信者だけのものにもどしてしまったでしょう。

　プロテスタントの抵抗諸派は一致団結していたわけではありませんでしたが、共通の敵をもっていました。そのときまでにすでにセクトは存在していましたが、まだ長老派と直接に対立してはいませんでした。セクトはピューリタン組織が許容する以上に自由な霊的運動を要求して生まれ、どの組織よりもイングランドの民衆の生活を高める影響力をもっていました。ブラウンやロビンソンが、一般に独立教会主義《インデペンデンシィ》あるいは会衆主義《コングリゲーショナリズム》★24の提唱者として考えられています。ブラウン主義者という呼び名は、一六〇〇年にはすでによく知られていました。「政治家になるよりもブラウン主義者になるほうがましだ」★25というアンドルー・エイギューチーク卿の一見ほめているようで実は反感のこもった言葉がそれを示しています。一五八二年にピューリタンたちが一時的ならば国教会に服従してもよいのではないかとの議論になったとき、ブラウンは『ためらうことなく改革を』★26なる文書を執筆し、国教会へ服従すべきではないと説いてまわりました。その熱心さのゆえにかれは三二か所もの監獄に投じられたあと、会衆を連れてオランダへの亡命を余儀なくされました。のちのブラウン主義者といわれた会衆が、かれの最初の会衆と直接結びつくかどうかはたしかではありません。しかしある特定の教会統治の考え方は、かれらのあいだで受け入れられ、それがのちの独立教会主義《インデペンデンシィ》の原理となりました。その内容は、それぞれの教会は完全に自治権をもち、司祭や長老《プレスビター》の特別な位階を認めないという教義です。つまりそれは、それぞれの会衆教会《コングリゲーション》は自分たちの手で役職者《オフィサー》の選任・退任を決めるべきであり、その役職者のひとりが説教や聖礼典を執行するというものでした。また会衆教会の聖餐拝受者の数が、一か所に集まるのには多すぎるようになりましたときには、新しい教会が作られることになっていました。そのさい、個々の会衆教会も、またその集合体も、他の会衆教会の教義や教会規律を統制することは許されませんでした。★27

そのような教会統治のあり方は、他の組織体とくらべて別段興味深いものではないと思われるかもしれませんが、主教や長老会《プレスビテリ》が決定した規則に反対することのできる自由の余地を与えたという意味で、その重要性はきわめて大きなものです。このことはすでに、ロビンソンが、最終的判断を神学にゆだねることを否認したことに表われています。主教たちの迫害によってイングランドから追放されたロビンソンは、オランダのライデンに会衆教会を作りました。ここでは、「大陸の改革派教会とできるかぎり交流しつつ」、それらの教会にならって、本来ブラウン主義者が有していた厳格な国教会からの分離主義《セパラティズム》★28の教義は放棄しました。そして一六二〇年には、かれの会衆のうちの若い世代の者たちがアメリカへ移住し、ニュープリマスに植民地を創設しました。かれらに向けて語ったロビンソンの有名な激励の辞には、キリスト教の信条や教義が固定化されて以来はじめて聴くことのできたきわめて崇高なキリスト者の自由の精神の息吹が感じられるのです。「もしも神がなんらかの手段によってあなたになにかを啓示されるならば、わたくしの牧会からなんらかの真理を受け取ろうとするのと同じように、いつでもそれを喜んで受け取るようにしなさい。なぜなら、主は聖なる御言葉によって、なおいっそうの多くの真理を述べられるものとわたくしは確信しているからです。わたくしは、改革派教会の現状を嘆き悲しんでおります。かれらは宗教教義の面でさらなる発展もみせず、またかれらの教会は宗教改革の道具以上の役割を果たしておりません。ルター主義者は、ルターが見たもの以上のことを見ようとしておりません。神はカルヴァンになんらかの神の御旨の一部を明らかにされたと思いますが、おそらくルター派の人びとは、カルヴァンの教義を奉じるぐらいなら死を選んだでしょう。また、おわかりのように、カルヴァン派の人びとは、カルヴァンがすべてのものごとを見たわけでもないのに、神があの偉大な人物に残したものに固執しております。このことはきわめて嘆かわしい悲しむべき状況です。ルターやカルヴァンは、かれらの生きた古き時代には、光彩を放つ輝かしい存在でしたが、かれらは神の御旨全体を見通したわけではありません。もしいまかれらが生きていたら、最初に受け取ったものよりも、さらに進んだ光を喜んで奉じたでしょう。書かれた神の言葉によって示される真理はなんであれ喜んで受け入れることが、あなたがたの教会契約の信仰箇条のひとつであることをどうか覚えていてほしいのです。そうでなければ、キリスト教世界がようやく最近になって、これほどの反キリスト教的な深い暗黒の闇から抜けだすことも、それと同時に知識が完成して輝きだすことも不可能になってしまうことをどうか忘れないでいてほしい」[☆2]。独立派の原理は、神の霊は束縛されることはないという確信によって、他のいかなる教会統治の形態よりも、自由の余地を信者に与えたという意味で、歴史的に重要な意味をもっているのです。

ロードの迫害の時代に、長老派と独立派の神学体系の違いは、それほどきわだったものには見えませんでした。宮廷派と聖職尊重主義者は、かれらの違いを、高等宗務官裁判所[★29]によって強要された礼拝様式やアルミニウス主義[★30]や日曜日にスポーツをすることに抵抗する度合いの激しさに多少の違いがあるぐらいにしか認識していませんでした。そしてこれらの措置は、内面的にも外面的にも霊は特権と力をもつという認識を失わせる、巧妙な手段でした。いわゆるピューリタンたちはその多くが長老制に共感を示していましたが、長老派の牧師たちは、たび重なる教会禄の一時停止という圧力のもとで、教会禄に固執していました。かれらは、たしかに制定された礼拝式文《リタジー》を使用することが法令によって義務づけられていましたが、それは王政復古後のような、礼拝式文にふくまれているすべての事柄に絶対的に同意すべしという法令ではありませんでした。したがって、ピューリタン牧師が不承不承にではあれ、一時的に礼拝式文に従ったのは無理からぬことではあり、それがほとんどの牧師たちのとった態度でした。しかしながら、一部のピューリタンは、当初ブラウンがそうであったように、「ためらうことなく」国教拒否を貫き、国教会から分離した会衆教会を形成しました。これらの人びとは、ブラウン主義者として知られています。しかしロードの支配下でかれらが生き残れる道は、完全に潜伏するか、あるいはオランダやニューイングランドに亡命するかのいずれかしかありませんでした。イングランドにおいて長期議会後にピューリタン議員が多数いたのは、勅許なしにはニューイングランドへの移民はまかりならぬという――それはばかげた奇妙な迫害の一例ですが――一六三四年の枢密院令のゆえでした。

　長期議会が召集されたとき、独立派として唯一認識されていた議員は若きヘンリ・ヴェイン卿だけです――実際、厳密には独立派にもその他のセクトにも属していなかったのですが。バクスターは、ヴェインが儀式を軽視しているとして嫌い、自分だけのセクトを作っていると評していました。しかし、ヴェインの思想は独立主義の流れに位置すると言えますが、それだけに納まりきれるものではありませんでした。かれの思想は、苦闘の末に――不完全で短命ではありましたが――実現した共和国の精神を最もよく表現しているため、研究に値するものと言えましょう。「隠遁者の黙想」や「癒しの問い」と題されたかれの現存する論稿のなかに、またかれの同時代の伝記作者であるサイクスが保存していたほかの著作からの抜粋のなかに、きわめて精妙な言葉づかいと聖書の寓話的解釈のもと、理知的な熱意に秘められた驚くべき激しい感情を見いだすのです。これらを見ますと、もしもヴェインの天賦の才能が、政治家としてのものでなく、詩人のものとして発揮されていたなら、かれはミルトンの好敵手になったに違いありません。バクスターはかれの信仰のゆえに教職者としての視点を超えることはなかったため、かれのヴェイン評は、ヴェインの教義の霊的側面というよりはその結論に向けられていました。「ヴェインの教義は、明確に構成され表現されていないために、それを理解できる者がほとんどおらず、そのために真の弟子がまずおりません。このことはかれにとって不幸なことです。ステリ氏もヴェインと同意見であると考えられておりますが、ステリ氏はその著作のなかで自分の考えを明らかにしておらず、説教も（ベンジャミン・ラドヤード卿が言いますように、この世には高級すぎ、かの世には低級すぎるために）わかりにくいことで有名です。虚飾と不毛がこれほどまでにうまく結合された説教はかつてありませんでした」（これは聖職者の皮肉です）。さらに「ある人は、この難解さは、ヴェイン自身がその教義を理解していないせいだとしておりますが、別の人は、ヴェインは必要なときには明瞭に話すことができるのだから、それは意図的なものだとしております。かれが最も成功をおさめた二つの明確な演説は、良心の普遍的な自由を求め宗教にたいする為政者の介入に熱意をこめて反対した申し立てと、かれの仲間たちに、黒ガウンとか司祭とかその他の非難の意を込めた語を用いて牧師職を批判した演説でした」と、バクスターは述べています[☆3]。

良心の自由を重視し牧師の権威主義を認めないヴェインの情熱は、マサチューセッツ湾植民地の総督となったときに早くも発揮されました。当時もっとも名声をえた宮廷人の長男として生まれたヴェインは、少年時代にすでにその境遇には相容れない精神を明らかにしていました。そのことについては、のちに絞首台の上に立ったときの以下のヴェインの言葉からわかります。「十四・五歳のころ神は御子《みこ》を私のなかに顕わしてくださり……悔い改めの基礎と土台を私の内に置いてくださいました。……そのため肉体はこの世にあっても、永遠の命にあずかる者とされました」。

　このような気質をもったままに、ヴェインはオクスフォード大学への入学を試みましたが、そのさい国王至上権を認める誓約を拒否したために許可されませんでした。そこでかれはジュネーヴでしばらく時を過ごし、帰国後もかれは国教を信奉しようとはしませんでした。そのため宮廷人のあいだで不興を買い、ロードは特別な会議を開いて権力づくでかれの誤った考えを正そうとしました。その結果がどうなったかについてはある宮廷聖職者の次の言葉にもっともよく言い表わされています。「国務長官ヴェイン氏のご長男は、まだ二十歳そこそこでありましたが、ご両親と祖国、およびご父君から相続するであろう財産を残して、かれ特有の良心のゆえに、残りの生涯を過ごすためにニューイングランドへと旅立ってしまいました。ひざまずかずに聖餐を受けることを許してくれる人を見つけることができなかったため、かれは二年間イングランドで聖餐を受けることを拒み続けました。かれはライデンで教育を受けましたが、そのさいナタナエル・リッチ卿とピム氏がヴェインにかれら式の誤った信仰を与えたと聞いております」[☆4]。ヴェインはすでにアメリカへの航海の途上で、自分の頑固な性格に気がついていました。クラレンドンによれば、ヴェインは、「なにか非凡な才能があると思わせるような尋常ではない容貌の持主」でした。そして長髪でぎらりと光る眼つきをし、眼の奥からじっと見つめるといったような表情をしていて、「かれの性格は短気と憂いを強烈にあわせもっていた」ようです。このようなヴェインの人間性と生まれつきの高い身分は、「かれと乗りあわせた乗客たちのねたみを買いました。はじめはかれにはキリストの香りなどまったくないと思われましたが、そうではなく、香りが強すぎてかれらにはわからなかったのです」[☆5]とあります。このことは、アン・ハチンソン事件にさいして、十分に明らかになりました。そのときヴェインはわずか二十三歳でしたが、到着するとすぐにマサチューセッツ湾植民地の総督に選ばれて、この事件を扱わなければなりませんでした。この事件を通じて、かれは、教職者がセクトと呼称している人物と直接に関わりをもつことになりました。こうした経験を通じてヴェインは、革命期の共和国において、セクトの代弁者および擁護者となるのです。この精神とはどのようなものであったのか考察することにしましょう。わたしはすでに、信仰とは、すぐれてルター的な意味において、無限なる神との結合の意識のなかに、有限で相対的なあらゆる徳が取り込まれることであるとして描写してきました。これは行きすぎた原理とも言えますが、必要な原理として、そこから反律法主義《アンチノミアン》[★31]やファミリスト[★32]、シーカー[★33]やクエイカーなど、一七世紀の熱狂的なさまざまなセクトが生まれたのです。おそらくわたしたちは、かれらを理解するにはあまりにも遅く生まれすぎたかもしれません。利害ばかりを打算するような「課されたことを繰り返す活気のない生活」に生きているわたしたちにとっては、霊的な自由の自覚が最初に呼び醒され、聖書をはじめて民衆が手にした時代については、思いも及ばないのです。ここでは、神と結合すること、また神を認識することが、制約も妨害も制限もなく、直接的かつ自覚的になされるものとして約束されていました。他方でそこには、神との交わりを渇望する精神がありました。このような生き方をだれが否定できるでしょうか。その時代の人びとが、神から差しだされた豊かな恩寵の水を深く飲みほし、律法と道徳の縄目から解放され、また神の顕現がすでに成就されてその課されている義務から解き放たれたと感じたとしても、だれが不思議だと驚くことができるでしょうか。セクトたちの夢は、移ろいゆくこの世を「永遠の相のもとに」見るという哲学的ヴィジョンを、思想ではなく感覚が支配している心に写し取ることでした。それはこの世における神のみわざが歓喜と確信のなかで、いよいよ近く成就の時を迎えることを予感させるものでした。この考えの弱点は、外面的に実現しなければ意味のない宗教生活を、内面的で一時的な直観の上に構築しようと試みたことにありました。その典型的なものとして、かの有名なハチンソン夫人が反律法主義的異端とみなされた歴史を精査する必要はないでしょう。それは、外的な行為やしるしをともなわずに、個人の魂と神との霊的な交わりを意識することを意味しています。その教義は、聖化すなわち聖なる生活を送ることは信仰義認の証拠にはならないという教えです。それは、聖霊の本質とはたらきについて異端的な考え方へと導くことになると非難されました。このことは、おそらく実際には、夫人が外的なきびしい規則のもとに育てられ、それにたいして反発した結果であったと言えましょう。そして、もしも夫人がこのことをピューリタン牧師たちへの攻撃道具として用いなかったなら（このことにおいても夫人は、共和国におけるセクトの行動を先取りしていたのですが）、迫害を免れたに違いないと思われます。植民地においては、信徒が日曜日に聴いた説教を解釈する訓練を毎週おこなうことが習慣となっていました。ハチンソン夫人も、女性のためのそのような訓練を受けることを認められていましたが、不幸なことに、夫人はすぐさま、その解釈を敵対的な批判に変えたため、厳格な信仰告白者たちの怒りを買い、異端者として死刑を要求されました。ヴェインは夫人を弁護したため、ボストンの人びとには支持されていましたが、毎年おこなわれた総督選挙のさいにはウィンスロップに負けてしまい、その後かれはすぐにイングランドへ帰国しました。もっともそれは、インディアンたちへのヴェインの影響力によって、ロジャー・ウィリアムズがロード・アイランドに定住地を獲得し、そこにキリスト教史上はじめて、完全に思想の自由が認められた政治社会を築いたのちの話ですが。ハチンソン夫人はロード・アイランドに避難地を求めましたが、そこでも彼女は、牧師たちによって、魔術使い、悪魔との交信者という忌まわしい噂をたてられて悩まされました。バクスターはそれらの話を信じ込み、彼女に敵意を抱き、インディアンたちが彼女を殺害した残酷な行為を天の裁きと捉えてなんら痛みを感じることはありませんでした。

以上の物語をしばらくのあいだしましたのは、この話はクロムウェルの実践面での天賦の才と厳格な目的意識をもってしても、共和国の悲劇を抑えきれなかったかの闘争の現実を若干示しているためです。ピューリタン的熱狂がこの世の束縛から解き放たれたとき、必然的にセクト的な熱狂を生みだしましたが、そこで生まれた子は養育を拒否され捨てられてしまいました。さまざまな利害を調整して成り立っている社会ではなく、統一された意見の上に築かれた社会では、そのような分裂がもたらす亀裂がいかに致命的なものとなるかがわかります。すなわち、少数派が突然作りあげたイングランドの共和国のような社会では、追放された子が格好の避難所を見つけることのできる余地が無限にある新しい国とは異なり、無視したくても抑えることも、そこから逃れることもできない古くからの勢力が存在し、また武力を誇りとするだけの年老いた傲慢な人びとがいるなかで、かれらを支配はするけれども、かれらの代弁者にはならないと宣言するような場合です。ヴェインの明確な精神は、はっきりと両方の教派から距離をとり、いずれの教派も正当に評価するという強い原則を守っていましたが、その原則があいまいになることを拒んで、いずれの側とも妥協することがなかったため弱点もありました。この原則は、長老派と衝突したさいの独立派の特性となりましたが、その原則の内容については、ヴェイン自身の考えから説明しましょう。

ヴェインの考えによりますと、創造のわざは、父なる神が永遠の御子《みこ》を生んだ過程それ自体を反映したもので、それは二つの要素をふくんでいます。ひとつは天や光によって代表される純粋に霊的ないし天使的な要素であり、もうひとつは地によって代表される物質的および動物的な要素のことです。そしてちりから神の像《かたち》に創造された人間もまた、以上の二つの要素をふくんでいます。人間の歴史は、理性的意志という決定的な賜物がなく、動物的なものにすぎない状態から、純粋に天使的な霊的生活へとしだいに進行する過程であると、ヴェインは考えていました。すなわち、ヴェインは、この霊的生活を、「完全に霊的であり、内的かつきわめて崇高で、直観的かつ包括的な感覚の動きからなる生活」として描いているのです。ヴェインは、聖霊を光または「燃えつくす火」として表現しています。そして霊的高揚の過程を、外的感覚に属するあらゆる物体を燃えつくしつつ分解していく、地上における魂の仮の宿が破壊される姿として描写しています。他方で、それは天に由来するものをしだいに身につけていく過程であるとも捉えていました。ヴェインは、人間の良心は主に三つの段階で発展すると捉え、この発展過程を自然的良心、法的良心、福音的良心と呼んでいます。ヴェインによりますと、自然的良心とは、いまだ法をもたず自分自身が生来自分の法である者にとっての光であり、その良心は一般の権利と義務の源泉であり、「正しい法についての最初の印象は、人間の本性のなかに、そしてまさに人間存在そのもののなかにある」。さらにこれらの法の印象は、為政者の権威の根拠となると同時に、その権威を限界づけるものでもある。法的良心はキリスト者の儀式と教義の根拠であり、恩恵の契約の擁護者もその敵対者も、法的良心をうちにもっており、この段階は、キリスト教徒が、支配や文字や特権に執着している段階を示している。それゆえ法的良心にもそれ自体の価値はあるが、福音的良心には及ばない。福音的良心は、人間の霊がキリストの死と復活に完全にあずかり、肉的な欲望と礼拝儀式を十字架にかけて、神と「崇高で直観的ですべてを包み込む交わり」をもつのである。以上のようにヴェインは良心を捉えていました。

この種の教義は、神智学[★34]や宇宙発生論[★35]を探求している者にとってはよく知られたものであり、ヴェインが外国旅行中にヤコプ・ベーメの著作に出会ったかどうか確言できないまでも、ヴェインとベーメの教義内容にはきわめて近いものがあります。わたしたちにとってこの教義の興味深い点は、政治家たちが熱心にかつ確信をもって活動していた時代におけるもっともすぐれた政治家によって、それが実際の政治運営に適用されていることです。このように、この教義が政治に適用されたことは、しばしば同盟関係にあった二つの階層――一つは扇情的な哲学者たちと、もう一つは聖書における救済の道を議会の法令のなかに求めていた神学者たち――にとって痛手となる障害物となりました。ヴェインは、同時代の人びとからは礼拝儀式を超越した者と呼ばれて歓迎されましたが、ヴェインが法的良心に束縛されているとみなした人びとからは当然に気に入られませんでした。ところで、バクスターのヴェイン評についてはすでに引用したとおりですが、自分たちを神学者と呼んだ、ヴェインの次の世紀の法律家たちにとって、ヴェインはなかなか理解しがたい人物でした。バーネットは、「ヴェインの言葉のなかに、かれの言わんとするところを見いだせるかどうかたしかめようと、ときには努力もしてみましたが、そこに到達したことはありませんでした。そしてほかの多くの人たちも同じように述べているので、ヴェインはかれを理解するのに必要な鍵を他の者には隠していたと考えるのが正しいと思われます[☆6]」と述べています。クラレンドンは、ヴェインの著作をいくつか読んだときに、バーネットよりはややおだやかな口調で、「ヴェインの論稿を読むと、かれの仲間のうちの最も優れた者――その仲間とはミルトンのことですが――ほどの明確さと推論を見いだすことはできませんでした」と述べ、さらに、「あまりにも平易すぎる多くの言葉のなかから、意味を見いだすことができず、またその主題はきわめて繊細すぎて一般の人びとがもつ思考とは違う別の種類の思考の準備をしておくことが必要であり、おそらく別の種類の食事も必要であると思われます[☆7]」と述べています。ヒュームの批判は、より明快です。「議会での活躍で発揮した才能や仕事上の能力をほめたたえられていたこの男の著作が、死後に出版されています。それらはすべて宗教を主題としたものですが、まったく理解できない内容で、それらのなかには、いささかも、雄弁さや常識の片鱗《へんりん》さえも見いだせません」と批判しています。この言葉には、一般の人びとと実践哲学者に共通するある種のいきどおりが、顕著に言い表わされています。それは自分の哲学に照らして愚かだとみなした人物が、全体的に見て決して愚か者ではなかったということへのいきどおりでした。しかしながらヴェインは神智学から、ある種の実際的な原理を導き出しました。それはヴェイン以前の政治家は夢にも思わなかったことです。そしていまではその原理のもつ価値は一般的に認められています。その原理は、的確な言葉で言い表わそうと苦心した宗教思想にもとづいており、神と霊について言及することを避けて優美な言葉を操る学者のものと比べて、いささかも劣るものではないのです。

原　註

☆1　「信仰による義」のこの一節は、前記の「教義論」の中に出る。一七八〜一七九頁。
☆2　ニール『ピューリタン』第一巻、四七七頁、一八三七年版。
☆3　『バクスター自叙伝』一六九六年、七五頁。
☆4　『ストラフォードの書簡集』第一巻、四六三頁。
☆5　ジョージ・サイクス『ヘンリ・ヴェインの生涯』八頁、一六六二年版。
☆6　バーネット『同時代』一〇八頁、一八三八年版。
☆7　「スティリングフリートにたいするクレッシィの応答」というクラレンドンの言葉（ブリタニカ百科事典の「ヴェイン」の項目からの引用）。

訳　註

★1　一九世紀中葉以降のブルジョア的思考を意味する。
★2　一六四九年のチャールズ一世処刑後の国王不在期《インターレグナム》から、一六六〇年のチャールズ二世による王政復古までの時代を指す。
★3　新約聖書「コリントの信徒への手紙（二）」第五章第六節（「肉に従ってキリストを知っていたとしても、いまはもうそのように知ろうとはしません」）からの引用。
★4　新約聖書「ルカによる福音書」第二二章第三八節からの引用。

★5　救いは人間のおこないによらず信仰のみによるという教説。ルターの思想の中心である。新約聖書「ローマの信徒への手紙」第三章第二二節（「イエス・キリストを信じることにより、信じる者すべてに与えられる神の義です」）を参照のこと。

★6　神と人間とのあいだにはキリスト以外のいかなる仲介者も必要なく、ただキリストを仲介者としてだれでも直接神に近づくことができ、キリスト者は神のわざに参与する祭司であるとする教説。階級的身分としての祭司を否定した。ルターの著書『ドイツのキリスト者貴族に与える書』において説かれた。

★7　新約聖書「ローマの信徒への手紙」第一三章第四節（「主イエス・キリストを身にまといなさい」）を参照のこと。

★8　一六世紀に形成された急進的なプロテスタントの一派。一五二〇年代のスイス宗教改革から生じ、非自覚的な幼児洗礼を非聖書的として否認し、主体的信仰告白にもとづく成人洗礼を実施した。

★9　イエズス会は、スペインのイグナティウス・デ・ロヨラ（一四九一頃―一五五六年）によって一五三四年に創立された男子修道会。宣教活動と青少年の教育事業に力を入れ、一六世紀カトリック教会の刷新運動の主翼を担った。

★10　一六五〇年頃ジョージ・フォックスによって創始されたプロテスタントの一派。正式名は「キリスト友会」または「フレンド派」。教会制度や礼拝形式、教理などに力点をおかず、信仰の基礎をあらゆる人間に宿る「内なる光」（Inner Light）に求め、真理は魂に直接語りかける神の声のなかに見出されるとして、神からの直接的な霊感を重んじた。

★11　フランスのユグノー戦争に際してプロテスタント勢力に対抗すべく、一五七六年にギーズ公を盟主として成立したカトリック側の党派。

★12　一六一八年ボヘミア地方に始まり、ドイツ国内のプロテスタントとカトリックの両陣営の争いに、ヨーロッパの諸国が干渉して三十年続いた戦争。四八年にウェストファリア条約により終結。

★13 ウェストファリア条約は、三十年戦争を終結させた講和条約。ドイツの諸侯の領邦主権を確認し、アウクスブルク宗教和議の原則を再確認する。この条約により、ドイツ帝国内の分立主義は決定的となる。

★14 国王を教会の首長としローマ教会より離反。カンタベリとヨークの大主教管区（province）にわかれ、大主教管区のもとに主教区（diocese）、主教区のもとに教区（parish）を設ける教区教会体制。教区聖職者には、教区牧師（rector）、牧師代理（vicar）、牧師補（curate）がいる。

★15 宗教改革者ジャン・カルヴァン Jean Calvin（一五〇九—六四年）がジュネーヴにおいて「教会規則」を制定して教会の革新に着手して形成されたもの。カルヴァンは、フランスのピカルディ地方で生まれ、一五三二年頃に回心を経験して「福音主義の指導者」となり、迫害を逃れてスイスのバーゼルにおもむき『キリスト教綱要』を出版。その後ジュネーの宗教改革に参加。

★16 カルヴァン主義の流れをくみ、教会組織は四層からなる会議体を構成。各教会内の教会長老会、一定地域を管轄する地区長老会（presbytery）、地区長老会を束ねる地方長老会（synod）、最高権威である教会総会（general assembly）を設ける教区教会体制。長老会は牧師と信徒代表の長老から構成される。

★17 ギリシア語「アディアフォラ」の訳語。信仰生活にとって非本質的なこと。善でも悪でもない、「どちらでもよいもの」の意。国教会側が「教会は中間物について決定権をもつ」という立場から儀式重視主義を打ち出してくることにたいして、ピューリタン側は強い反発を示した。

★18 新約聖書「ローマの信徒への手紙」第七章第二二節（「わたしは『内なる人』としては神の律法を喜ぶが……」）、新約聖書「コリントの信徒への手紙（二）」第四章第六節、新約聖書「エフェソの信徒への手紙」第三章第六節を参照のこと。

★19 新約聖書「コリントの信徒への手紙（二）」第四章第七節（「われわれは、このような宝を土の器に納めています」）を参照のこと。

★20　ジョン・ミルトン『偶像破壊者』（一六四九年）からの引用。

★21　一六四〇年にチャールズ一世は一一年ぶりに議会を開いた。四月一三日から五月一五日までのわずか三週間開かれたためその議会は「短期議会」と呼ばれる。それにたいして、一六四〇年一一月三日から一六五三年四月にクロムウェルによって解散されるまで一二年ほど続き、さらに王政復古の前夜に一年たらずの期間復帰した議会は「長期議会」と呼ばれる。

★22　ジェイムズ一世が一六一七年に公布した「スポーツ令」（Declaration of Sports）の別称。チャールズ一世も一六三三年に再公布した。ピューリタンが安息日（キリスト教徒にとっては日曜日）の厳守を主張したことにたいして、日曜日の午後に「不法なスポーツ」（寸劇やボーリングなど）をすることは禁止されるが、「合法的なスポーツ」（アーチェリーやダンスなど）は許されるとした。聖日の午後のスポーツを奨励することで、安息日を厳守することを重んじていたピューリタンの規律を乱そうとしたもの。

★23　宗教改革者カルヴァンの宗教思想、およびカルヴァンの死後に改革派の教会でまとめられていった思想を意味する。ルター派と並びプロテスタントの二大教派のひとつとなる。

★24　独立教会主義および会衆主義においては、自発的に集まった信徒集団（会衆 congregation）が、独立自治の原則をもって教会を形成する。各教会が直接キリストと結びつき、キリストを頭と考えるため、長老制のような専制的な権力をもつ上部組織は排除される。

★25　シェイクスピア『十二夜』第三幕第二話三四行からの引用。

★26　一五八二年発表。教区教会は正しい信仰をもたない、いわば「不純」なものがふくまれると批判して、カートライトと論争した。

★27　教区教会はその教区のすべての住民が教会員であるのにたいして、会衆教会は自由に集まった信徒によって形成される点が異なる。

★28　聖書の教えに照らして国教会を偽りの教会と断定するピューリタン左派。分離派教会は、一六三〇年代から密かに形成され始め、四〇年代に急速に数を増していった。長老派や独立派は、主教制は否定したが、国教会自体は否定していない。

★29　一五三五年に宗教裁判所としてヘンリ八世により創設。チャールズ一世の治世下、大主教ロードがその権限を強化し、ピューリタン弾圧と専制支配の砦とした。一六四一年に長期議会により廃止。

★30　人間の救いは神の永遠の定めであり、人間の意志や能力によるのではなく、神の自由な恩恵によるという厳格なカルヴァン派の救済予定説に対し、キリストは全人類のために死に、すべてのキリスト者が救われるとする普遍救済説。オランダの神学者ヤコブス・アルミニウス Jacobus Arminius（一五六〇—一六〇九年）が主張した。

★31　神の啓示を受けて無償の恩寵によって、キリストの霊を体験し再生した者は、心のうちに目に見えない神の律法をもつので、外的な法制度としての律法に拘束されることはないと主張した。

★32　一六世紀のはじめにミュンスタで生まれた神秘主義者ハインリヒ・ニコラスの影響を受け、一五四〇年頃ドイツにおいて創設された宗派。一六世紀後半にイングランドにおいても組織され、神の直接の啓示を聖書以上に重視した。宗派の根源は愛にあると説き、「愛の家族」(Family of Love) とも呼ばれる。

★33　一七世紀はじめに、聖礼典や説教などいっさいの教会制度を権威のないものとしてしりぞけ、キリストの霊の神秘を直接に体験した者のみが真の牧師の資格を有すると考えた。

★34　人間的なすべての知識や認識能力を超えて、神秘的な啓示や直観によって神と直接に交わり、その奥義をきわめようとするもの。

★35　宇宙の起源発生に関してなされる神話的解釈。

第二講

自然権および同意による統治という教説は、ヴェインによってはじめて表明されました。この教説は民衆の言葉による荒削りなかたちで述べられたため批判にさらされましたが、それは近代におけるヨーロッパの再構築を推進するさいの原理となりました。「人が生まれつきもっている良心をキリストが支配する」というヴェインの認識からこの教説は生まれました。「生来もつ良心」とは基本的理性のことであり、それあればこそ人はみずからを正しく律するおきてをもちうるのです。同じ認識から、いかなる意見であれ、為政者が権力を用いてそれを擁護したり抑圧したりすることは認められないという普遍的な寛容の原理が生まれてきたのです。この原理は、ヴェインや独立派にとっては、近ごろ見られるような、いかなる宗教的信条であってもかまわないといういいかげんな根拠によるものではなく、理性は侵すことのできないものであり、神聖ならざるものによって抑圧されるべきではない、という確信にもとづいています。「為政者による支配は、人間の良心にたいするキリストの統治と支配に介入すべきではなく、人間の外的側面にたいしてだけで満足すべきである。またこの世に属する事柄においては、自然にもとづく正義と自然権をもとに、人間同士が交渉する事柄についてのみ干渉すべきである」とヴェインは述べています。[☆1] またヴェインは、キリスト教の教会規律の名のもとに、為政者が良心を抑圧することをふたたび始めることなども許しませんでした。そのような教会規律は、ヴェインによれば、「福音書のなかに明確に定められた制度」であるというよりは、むしろ安息日のように、ユダヤ人たちのあいだでの「儀式ばった一時的な制度」を模倣した「行政上の制度」であると考えられていたからです。[☆2] キリストの霊はなにものにも縛られないのです。真理と教会規律の体系は、一度にすべて聖書のなかに記されたのではなく、むしろ聖書のなかで語りかけている霊が、信仰者にしだいに啓示されることによって、聖書から引きだされたものです。教会の規則であれ、世俗の規則であれ、いっさいの規則に縛られず「待ち望み」求めるという態度が、霊的な教会を生み、そしてこの「待ち望む」霊を実践的生活に適用する実例が、クロムウェルの政策のなかに見いだされるのです。

　思索に満ちたヴェインの理論が、独立派全体の理論を表わしているというのは適切とは言えないでしょう。しかしながら、ヴェインの理論は、ニュープリマスへの入植者たちにたいして述べたジョン・ロビンソン氏の最後の言葉に見られる見解とほぼ同じです。これはセクトの理論であり、独立派の理論を表わしています。そしてヴェインの理論は、クロムウェルの軍隊において、外的な完全武装というかたちをとってこの世に現われたのです。一方では長老主義の精神との、他方では世俗の知恵との避けがたい衝突、またその逸脱と混乱、さらには一時的勝利とその後の「荒野」への最後の逃避、イングランド共和国の興隆と没落の歴史でした。まず長期議会における世俗の知恵がどのようなものであったかについてお話ししましょう。

先に述べましたように、内戦勃発以前には、ヴェインは庶民院においては、主教制と長老制の両方にたいして断固たる反対の意見をもつ唯一の人物とみなされ、貴族院においてはブルック卿のみがヴェインの支持者と考えられていました。かれはウォルター・スコット卿の読者には「狂信者ブルック」として知られていましたが、実際には卓越した学者であり文人でした。ブルック卿は、内戦一年目にリッチフィールドの白兵戦突撃にさいして敵弾に当たり戦死しましたが、議会に提出した言論および良心の自由を求める嘆願書はかれの遺産です。しかしながら、議会の大多数の議員は、長老派の教会規律と教義にはとくに好意的とは言えず、長老制にたいしてはきわめて消極的でした。かれらは、当時イエズス会の強力な武器として悪名高かったアルミニウス主義を嫌悪し、また高位聖職制主教制度を、聖職者を偏重するものであり、市民の自由と相いれない権力を維持するものとして非難していました。一六四一年のアッシャーによる修正主教制は、この難局を乗り切る可能性を示すものでした。それは、各州一二名の代表からなる長老会《プレスピテリ》を設け、主教が議長となり、「長老会のうち何名かの協力により」、任職・譴責・除名をおこなう、というものでした。しかし、国王との当面の闘争に追われて、この決議案は通過には至りませんでした。おそらくこの決議案は、議会内のより進歩的な指導者たちの見解を代表するものでしたが、のちに明らかになりますように、それは主教や長老会を、きびしく市民の統制下におくことを想定していたものと思われます。長期議会の議員の考え方は、当時の党派用語によれば、本質的にはエラストス主義[★1]でした。

そして長老派の主張が強くなるにつれて、以上のことはより明白になりました。神学者会議が召集され、スコットランドとの「厳粛な同盟と契約[★2]」が結ばれると、長老派がかなり有利になったかのように見えました。しかしこれらの事柄も議会が制限付きで認めたものでしかないことがわかります。すなわち、この会議召集の条例は、「議会によって別の決定がなされるまで」効力をもち、「イングランド国教会の礼拝様式、教会規律、教会統治にかんする事柄を協議し、誤った中傷や誤解から同教会の教理を擁護し、これらを議会の両院ないし、いずれかの院に答申しなければならない[☆3]」となっていたのです。そして、「本条例は、神学者会議に、教会の管轄権・権力あるいは権威、もしくはここに明記されていない他のいかなる権限も与えるものではなく、これらの権限を行使してはならない」と規定しています。この文書はそれ以上なんら画期的なことは述べていません。それは、ブルック卿が評したように、「主教制とエラストス主義を支持する国教徒の議会」であったことの表われでした。しかし、この議会も、まもなく軍の要求に迫られて、主教制やエラストス主義とはまったく異なる精神を高揚させることになりました。ブルック卿によりますと、会議のためにウェストミンスターに集った神学者たち《ディバインズ》は、八、九名の独立派を除けばすべて主教制を支持していました。かれらが集まったのは教会禄への不満があってのことではあっても、礼拝式文を議論したり、修正主教制に反対するためではありませんでした。もっともかれらが、当初主教制支持者として会議に参加していたとしても、いつまでもそのままの状態にとどまることはなかったでしょう。なぜなら、かれらは相互に影響しあい、本質的には長老制に親近感をもっていたロンドンの諸教会の会衆にあと押しされて、熱気が生まれていたからです。スコットランド特命委員たちが参加し、「厳粛な同盟と契約」が結ばれたことは、神学者会議のイングランド委員らの教会規律を厳格に守ろうとする気質に勇気と力を与えました。そしてわずか二、三か月もしないうちに、少なくとも主教による専制政治を抑制することだけを望んで会議に参集してきた者たちも、長老制の確立を「神が定めた法《ユス・ディヴィヌム》★3」であると主張するようになったのです。

　さきほどイングランドがスコットランドとの契約を結んだのは、軍事的な必要に迫られてのことであったと述べました。この契約は、議会とスコットランドが同盟を結ぶことの必要条件であり、もしこの同盟がなかったならば、一六四四年は、ほぼまちがいなく議会にとって致命的な年となったでしょう。すなわち、もしスコットランド軍が援軍を送ってこなかったならば、国王軍は、破竹の勢いでリッチフィールドに前進することが可能であったのであり、国王派は確実に北部において勝利をおさめたことでしょう。たしかに議会側がスコットランドとの契約を締結しなかったならば、議会そのものの安泰はありえなかったでしょうし、反対に国王が契約に同意したとするならば、国王の勝利に終わったでしょう。一六四八年という時点での国王側の同意では遅すぎたのです。ところで、ヴェインを長としたイングランド側の交渉委員たちは、政治的な同盟を結ぶことだけを希望していました。それにたいしてスコットランド側が宗教的な契約の採択を主張しましたので、イングランド側は「契約」という語だけではなく、「同盟と契約」という表題をうまく付けてなんとかしのぎました。後述するように、イングランド側はのちにこの同盟について、それぞれの王国は、その国が選んだ宗教を確立することを相互に助けあうために同盟を結んだのであり、ある特定の教会形態へと相手方の国を束縛するものではないと解釈すべきであると主張したのです。かれらにとってはそうした解釈が正しいかどうかよりも、そうあるべきだと望んでいたことは明らかです。契約締結者たちがもともと主張していましたように、第一項と第二項では、「スコットランド教会の改革された宗教を保持すること」、「教理、礼拝様式、教会規律、教会統治についてのイングランドおよびアイルランドにおける宗教改革」および「高位聖職制主教制の根絶」を義務づけています。ヴェインは、そのさいに特定の教会形態に縛られないように、「教理、礼拝様式、教会規律、教会統治についてのイングランドおよびアイルランドにおける宗教改革」という文のあとに、「神の言葉に従って」というただし書きをすべり込ませることができました。契約締結者たちは、アッシャーの修正主教制への賛同者たちを安心させるために、高位聖職制とは、「大主教《アーチビショップ》、主教《ビショップ》、主教区法院長《チャンセラー》、主教代理《コモサリ》、主教座聖堂の主席司祭《ディーン》および参事会員《チャプター》、大執事《アーチディーコン》、そして位階制による教会の役職者からなる教会統治」を意味すると規定しました。この修正された契約が、議会と神学者会議において採択され、それを守ることが十八歳以上のすべての者に課せられました。しかし実際には教職者にたいしてさえも広くその契約を強要することは決してありませんでした。たとえばバクスターの教会ではその契約を遵守する者はひとりもいませんでした。それでもその契約が施行されたことで、約二〇〇〇名の主教派聖職者の教会禄が取り上げられて、その空席はほぼ長老派牧師で埋められました。また先ほどの機略に富んだ要求の多い同盟の結果、議会にたいする数々の不満が一挙に国じゅうに広がり、やがて教会による支配だけを求めるような教会側の尊大な精神が生みだされました。そしてこの尊大な精神は明らかになるだけではすまなくなりました。スコットランド軍は、一六四四年の初頭にイングランドに進攻し、その年じゅうスコットランド教会はイングランドにたいして、請願書を提出したりイングランドの庶民院を通して長老制の設立を求めてきました。そしてついに神学者会議は、議会の特別な承認のもとでこの問題をめぐる議論を進めることとなりました。はじめに長老制は神の定めた法であることを決議するように提案されました。この提案に反対した者たちは、グッドウィン率いる独立派の小集団[★4]、そして議会多数派のエラストス主義者代表として出席していた俗人補佐役ジョン・セルデンとホワイトロックでした。教職者のなかでセルデンらエラストス主義者を支持していたのは、旧約学者のライトフットだけでした。セルデンは教会について博識で教職者のもっとも痛いところを突く俗人でした。一六一八年には十分の一税[★5]は「神の定めた法」ではないことを立証する大著を執筆し、その結果、高等宗務官裁判所に連行されました。もっとも裁判所では、かれは、エラストス主義者のもつ、権力には従うといういつもの柔軟な態度を示して、以下のようにその主張を撤回し署名しました。「尊敬する閣下へ、わたくしは十分の一税の歴史について出版し、そのさい（聖書の解釈を示すことによって、また宗教会議、教会法、教父その他の十分の一税について触れられている言葉を引用することによって）、とくに、聖職者が主張する十分の一税が『神の定めた法』であることの正当性に異議を唱えたことは、わたくしの誤りでしたことを謹んで認めます。そして陛下や閣下に御不快な思いをさせてしまいましたことを心から申し訳なく思い、このわたくしの真摯で謙虚な感謝の気持ちをお受け取りくださいますように、衷心より閣下に嘆願いたします[☆4]」。さげすまれた者が、さげすんだ者にたいして好意をもつことはたやすいことではありません。セルデンをさげすんだのは「古い司祭」(old priest) でありましたが、「新しい長老」(new presbyter) に好意をもてないのも無理からぬことであります[★6]。ホワイトロックは、「セルデン氏は、神学者たちとの討議において、学識を誇る者たちを相手に、みごとな論議と論駁をおこなった」と述べています。ときに神学者たちが聖書を引用して自身の主張を証明しようとすると、セルデン氏はかれらにたいして、「(あなた方がよく持ち出して読んでいる) 金箔の小型聖書では、ひょっとしたらそのような訳になっているかもしれません。しかしギリシア語やヘブライ語では、かくかくしかじかのような意味であります」と述べて、かれらを完全に黙らせてしまったのです[☆5]。ホワイトロック自身も、神学者たちの主張にたいして重厚な法の論理を用いて反論し、それらを『回想録』に詳細に叙述しています――もっともかれにとっては満足のいく議論でも、現代人の耳には単純な議論に聞こえますが。ホワイトロックは言います。「もしこの長老制政治が『神の定めた法』でないならば、どのような会議も長老制政治を『神の定めた法』にはできないでしょう。そしてもし長老制が『神の定めた法』ならば、『神の定めた法』であると断言されなくても、いまもなお『神の定めた法』であり続けるでしょう」[☆6]。しかしながら神学者たちの考えは異なっていました。神学者会議において長老制は「神の定めた法」であると正式に可決され、一六四五年に議会もその答申を受けて、それに反対する者に刑罰と罰金を課す条例を施行しました。議会は決して長老制が「神の定めた法」であるということを、積極的に決議したわけではありませんでした。神学者たちがある家に集まりこの問題を取り上げるように企てていたときに、そのような決議がなされそうになりましたが、グリンとホワイトロックが機転をきかせて反論したために、その危険は避けられました。しかしながら、スコットランド人とロンドン市民の圧力のもとに、ついに議会は長老主義教会体制を採択したのです。しかしこの体制は、ロンドンとランカシャを除いては実行されませんでした。この教会体制は、スコットランドのそれと基本的な点でほぼ同じでした。唯一異なるのは、「スコットランド教会会議」[★7]（Kirk session）はイングランドでは教区長老会（parochial presbytery）[★8]と呼ばれ、教区長老会の連合は、スコットランドにおけるような長老会ではなく、「クラシス」だったことです。ミルトンはこのことをかれの詩のなかで言及しています。

> A・S[★9]やラザフォードによって教えられた
> クラシスの階層制度にわれわれは支配されている[☆7]

しかしながらこの規定は、エラストス主義的な枠を守るという性質のものでしたので、一方では独立派は排除され、他方でスコットランド人たちを満足させることもできませんでした。この規定では、独立派の原則は以下の二点において無視されていました。すなわち独立派の個々の教会の会衆が「クラシス」に従属させられていること、またそこで採用されている任職の方法に問題があるということです。この規定では、長老は他の長老たちによって聖別された特別な位階に属するものとみなされ、個々の教会で任命されたたんなる役職者とはみなされません。また厳格な長老派は、救いの決定権を教会に渡さないために、疎んじられていました。この規定では、長老会が聖餐停止や除名を命じることができる罪が明白に列挙されていました。そして教会内で起こるすべての事件にかんすることを規定した最終的答申が議会に提出され、さらにこうした制度全体は、その時点での暫定的なものにすぎないと明言されていました。こうした制限が設けられていたために、スコットランド人委員やロンドンの長老派は同時に抗議の声をあげ、神学者会議は大胆にも、議会への最終答申を定めたこの条項を、投票によって否決してしまいました。しかし、そうした行動には王権蔑視罪を適用することという庶民院からの時宜をえたおどしによって、神学者会議に動揺が起こりました。とはいえ、「新しい良心弾圧者たち」の意気の高まりは、独立派が議会に提出した請願書を拒否するという事態に示されています。独立派の請願書は、個々の教会は自分たちで牧師を任職する権限をもつこと、また個々の教会は「長老派のクラシス」の権力の下に置かれることはないということを内容としていました。この内容は、それ自体は穏当であり、またその形式もいっそう穏当なものでしたが、その内容が引き起こした、委員会や説教や小冊子における論争は激しいものでした。神学者会議、ロンドン市、スコットランド議会は、完全な一体性の維持を主張し、そこでは良心の叫びはいっさい聞き入れられませんでした。なぜならそのひとつでも受け入れますと、あとのすべてを受け入れなければならなくなるからです。各教会を独立させようとする独立派の主張は、スコットランドとの契約によって排除されました。当時の小冊子には次のように書かれています。「人間が良心によって神に従うということを認めることは、一人の悪魔を追いだして、七人の悪魔を迎え入れるということに等しいことだ」と。さてサイオンハウス★10で開催されたロンドンの聖職者たちの新しい長老会議《シノッド》は、「独立派の偉大なディアナ女神」にたいして全力で対抗するように、また新しく施行された制度が「その誕生において、無法な寛容によって妨害されないように」と神学者会議にたいして請願書を提出しました。一方スコットランド議会が、その議長を通じてウェストミンスターの両院にたいして伝えた言葉は、とくに高圧的で議員たちをいらだたせるものでした。それによりますと、「名誉ある貴両院は、神学者会議が提案したものを、議会においても承認されるよう期待されております。わたくしはわが国の議会からそれを求めるように命じられており、したがってわたくしはわが国の議会の名においてそれを要求いたします」と議長は述べています。こうした要求がなされたさいのかれらの雰囲気については、スコットランド人が同じころに出版した『良心の自由とセクトへの寛容』に反対した声明に示されています。この声明では、「かれらの大きなはたらきを考慮したとしても、真の宗教を良心の自由の要求と取って代えようとするイングランドのセクトにたいしては、契約で結ばれているわれわれは、王国が最後の一人になるまで反対し続けるであろう」と述べられています。もしマーストン・ムアの戦い[★11]やネーズビィの戦い[★12]においてスコットランド軍や訓練されたロンドン市の民兵軍が勝利していたならば、「キリストによって解放された良心」がもっとも高揚した時期に、良心を抑圧し服従させるために市民の剣が用いられることになったであろうことが大いに考えられます。かれらによる抑圧は、ロードが強制したほどではないとしても、精神の自由にたいしてはより致命的な打撃となったことでしょう。

　一方、議会内にエラストス派は、かれらを支える力をもっていました。その力はエラストス派自体が生みだしたものではありませんでしたが、スコットランド人や神学者会議にとってすら強すぎる存在であり、またその力は議会自体にとっても強すぎることがほどなく明らかになるでしょう。エラストス派の勢力に最初に警鐘を打ち鳴らしたのは、用心深いスコットランド人たちで、それは一六四四年末のことでした。ホワイトロックは次のように記しています。

「メイナードとわたくしはある晩、大佐（エセックス卿）によって、エセックスハウスへ遣わされた。そこでわれわれ二人は、かれとともに、スコットランド特命委員であったホリス氏とフィリップ・ステイプルトン卿（庶民院内での長老派の指導者たち）のほかにエセックス卿のとくに親しい友人たちと会った。表敬の挨拶が述べられ評議の席に着くと、スコットランドの貴族院議長である大法官の名が呼ばれ、次のように語り、メイナードとホワイトロックにその見解をただした」。大法官は次のように話しはじめました。「あなた方もよく御存じのように、クロムウェル中将はわれわれの仲間ではありません。かれはわれわれとわれわれの教会にとって仲間でないだけでなく、あなたとわれわれすべてが愛し尊敬する閣下（エセックス卿）にたいしても好意的ではありません。そしてもしかれがその道を思いのままに進むならば、われわれの計画全体は危険な状態に陥るでしょう。したがって、クロムウェルの企てを阻止するためになんらかの方策をとらなければなりません。あなた方は、二つの王国間の協定である『厳粛な同盟と契約』をよく御存じのことだと思います。そしてあなた方は、もし両国家の間でだれかが扇動の火付け役となるならば、かれにたいしてなにをなすべきか御存じだと思います。ところで、あなた方にご意見をおうかがいしたいことは、この『扇動の火付け役』という語はどのような意味であるとお考えかということです。さらには、クロムウェル中将がそのような意味での扇動の火付け役なのか、そしてもしかれがそのような扇動の火付け役であることがわかったならば、かれにたいしてわれわれはどのように対抗するのが最もよいのかということです。われわれがかれに対抗することによって、かれの翼がわれわれの大義にたいする偏見へと飛びたつことを妨げるでしょう。さて、スコットランドの法律によって、われわれはかれを扇動の火付け役と呼びます。なぜならかれが国家における争いの火種に火を付け、民衆に損害を与えたからです。あなた方の国の法律が同様であるか、そうでないかは、そのことについて学識のあるあなた方がもっともよく御存じのはずです。したがって、閣下のご好意のもとに、これらの点について、われわれはあなた方のご判断をおうかがいしたく存じます[☆8]」。それにたいしてメイナードとホワイトロックは、「扇動の火付け役」という語の意味について熟考した末に、クロムウェル中将は、「われわれの法律についてはさほど熟知していない人」ではありますが、かれは、「理解力にすぐれ、鋭い洞察力をもつ紳士であり、（とくに最近では）庶民院において並々ならぬ政治力を発揮しえていること、また貴族院においてもかなりの友人をもち、さらに最上の利益を得るためには自分自身を防護する能力をもちあわせている」ということ、また総じて、かれが扇動の火付け役であるという、さらなる具体的な証拠がでてくるまでは、そのことは議会にもちださないほうがよい、と説明しました。クロムウェル中将が火付け役であるということについてホワイトロックは次のような説明を付け加えています。「かれは同郷出身者で編成された勇敢な騎馬連隊をもち、連隊の兵士のほとんどが自由土地保有者かその息子たちであり、かれらは良心の問題としてこの争いに参加しております。このように、内面的にはかれら自身の良心を充足させることによって、また外面的には立派な鉄の武具で十分に武装することによって、かれらは、一枚岩となって毅然たる態度で、懸命に敵を攻撃しました」[☆9]。議会のためになしとげられたほとんどすべての重要な軍事的成功は、良心を重視するこれらの兵士たちによって勝ちとられたものではありませんでした。そしてこの兵士たちのもつ良心は、あいにく長老派がいう統一性を求める良心ではありませんでした。エセックスハウスで会議がなされていたころ、クロムウェルは、ヴェインの巧みな説得術の助けを得て、保守的な長老派の指揮官たちの実践力不足に愛想を尽かしていた議会に、ある法案を制定するように働きかけていました。それは、そのほとんどがクロムウェルの訓練を受け、良心の自由を必要条件とする宗教的霊感によって燃えあがっていた士官たちの指導する軍隊を創設する法案でした。

　ニュー・モデル軍[★13]や議員官職辞退条例[★14]――ただしクロムウェル自身はこの条例の制約は受けないことになっています――についての話は周知のことだと思いますのでここで繰り返す必要はないでしょう。しかし次のふたつのことだけは注目するに値します。ひとつは、ニュー・モデル軍にスコットランドとの契約[★15]を課すべきかどうかについて長時間にわたって議論され、軍隊が編成されたあとには、士官たちは二〇日以内に契約を承認すべきであるという議会の条例が発布されたことです――もっともそれは実行されることはありませんでしたが。もうひとつは、辞退条例によって、内戦のあいだ両院議員はすべて、軍の指揮権をもつことが許されなくなったことです。その法案は、庶民院では原文のまま採択され施行されると予想されました。

ところが貴族院では議員の法知識が乏しいため、原文の表現では可決されませんでした。そこで庶民院は、現在両院に属する議員は、軍の指揮権を放棄すべしという若干の修正を加えた法案を再度提出し、貴族院もその法案を可決しました。またヴェインは一六四五年末に、国王派の議員の議席が空席であることを指摘し、これらの議席は補充されるべきであるという法案を可決させました。そのときニュー・モデル軍の士官たちが議員適格者とされ、多数選出されました。もしこのように軍とセクト主義者が議会に足がかりをえなかったならば、おそらく歴史の流れはきわめて異なったものとなったことでしょう。

　長期議会の書記メイによれば、「味方を信じることなく、また敵を侮ることなしに」、ニュー・モデル軍は戦場に出かけて行きました[☆10]。このさいかれらの外面的な勝利については述べる必要はないでしょう。むしろこの外面的な勝利に必要不可欠な霊的な勝利の性質を正しく理解しようと努めるべきです。「鉄騎隊[★16]」のもつセクト的熱狂は、クロムウェルが生みだしたかあるいは少なくとも影響を与えたと、かつてはよく論じられました。すなわち議会軍が狂信的となることによって、クロムウェルがめざした目的を達する結果となったということです。しかしこんにちでは、歴史上の偉人たちは、民衆の思想や行動を生み出すのではなく、それらをたんに効果的に体現し実現するだけであると考えられており、前述の見方は否定されています。以上に見てきましたように、セクト主義者の熱狂は、宗教改革によって引きだされた、霊的権利という意識による必然的な結果でした。しかしこの意識は、スコットランドと同様に、イングランドの宗教改革の初期には、民衆の作る教会の基礎とはならず、セクト主義者たちは、むしろ民衆の教会に敵対する聖職者や形式的な儀式を重んじる礼拝と、ひそかに長いこと苦闘しなければなりませんでした。かれらの霊は、高位聖職者たちの権威主義的なことばのなかでは「自分らしい表現が見いだせず」、また言葉に制約のある祈禱書ではかれらの熱望を表現することはできませんでした。しかし、内戦によってその制約を突破する刺激を与えられたことによって、すでに打ち破った画一性と同じような、新しい画一性にはもはや黙従しようとはしませんでした。かれらは新しい禁断の木の実を味わってしまったのです。分離主義者《セパラティスト》たちの霊は、神の新しい啓示を求めるなかで、神に仕えるようにと教えられ、個々人の救いとその達成というより強い啓示の光によってこの教えを理解し、内戦の騒動のなかで、内面の混乱を表現し正当化するすべを見いだしました。

　こんにち多くの一般民衆の考えの大部分を占め、またもっとも教養ある「感受性のすぐれた人びと」が恥ずかしげもなく述べている見解は、この世界には悪人にも善人にも等しく、無慈悲かあるいは慈悲深い一般法が存在していると捉えるならば、この世界には神は存在しないというものです。しかし、そのような見解がたんなる短絡的思考によって教育の普及したこの時代を支配しても、わたしたちにとって、無教養な人びとが神にすがりつき、突然の超自然的な顕現や不可解なできごとを通して、神はよしとされた人びとにご自身を顕わすと信じていたことも、わからないことではありません。これは、内戦時代にキリスト教徒のあいだでよくみられた考え方でした。神の摂理の実現のためにより高次の理性を主張し、そのために無神論者と呼ばれることになったひとりの男は、当時まだアムステルダムにあるヴァン・デン・エンデ氏の学校にいました。かれにとって神の摂理は、違いの存在する個々人の信仰を実現することにありました。民衆が聖書を手にすることができないところでは、聖書は、主教や儀式によって統制されていました。別のところでは、教育と教会規律にあうように統制された理性に訴えて、国教会によって管理され、あるいは長老派のように神の定めた法を唱える教会当局によって、聖書は管理されました。平常時には、神に向けられた信仰者の顔は、いたるところで法と慣習によってヴェールで覆われているものです。しかしいまやイングランドでは、たががすっかりゆるんでしまいました。国教的礼拝や説教の背後に覆い隠されていた神をひそかに待望していた熱狂者たちは、かれらの心のなかでは神の声を聴いていましたが、これまでは見えるかたちでは神のしるしを捉えることができませんでした。しかしいまやかれらは戦場で神自身のみわざを見て、神の不思議な摂理のしるしを読み解いたのです。かれらの右の手は「恐ろしい事柄をかれらに伝えて」います。[17] ここには待望するように命じられていた終わりの日の啓示がありました。かれらが捜し求めていた、文字どおり「激しく泣き叫ぶ」[18] ありさまは、教会の制度のなかにも、また聖職者の論理のなかにも、また法の、神をおそれない不遜な論争のなかにも見られなかったことでしたが、内戦においてまさに見ることができ、聴くことができたのです。

そこでは、

神は天に輝いた
遮るもの何ひとつなしに……
……神の魂かれらの魂の上に。
かれらは神にふれ、神を知った、理性で苦しむことなく。☆11★19

それからというものは、教会当局が神聖なものとしてかれらに従うようにどんなに求めても、その内容が、ただちにかれらの良心に直接的にはたらきかけて理解されるものでなければならなくなりました。長老制は神に定められた教会制度であるという長老派の主張はそれに失敗しました。牧師たちは、この新しい霊的力を野放しにしておきました。ウェストミンスターで論争をしているあいだに、あるいは主教派の聖職者が退いたあとの牧師職に就くことに執心しているあいだに、その霊的力は、なんの対処もされず、力を蓄積していきました。内戦が始まったところ、それぞれの連隊には決まった従軍牧師がいました。ところが、バクスターによりますと、エッジヒルの戦い★20のあと、務めが予想以上に長引くことが明らかになりますと、これらの従軍牧師たちは神学者会議や自分の教会にもどってしまいました。バクスター自身も、クロムウェル連隊の士官たちから連隊を「信仰者の集まりである教会のようにしてほしいと頼まれました」が、その従軍牧師職を断ってその機会を逸してしまったことをあとで後悔しています。

「そのときわたくしに、かれらの牧者になるように勧めてくれたこれらの士官たちこそが、その後、議会軍の指導的地位に就き、われわれの攻撃のなかで、先頭切って闘った人たちとなりました。あのときかれらに同行すればよかったと思ったものです。すべての砲火が一つの火花となって集中していたからです[☆12]」。バクスターは、当時コヴェントリの牧師でしたが、ネーズビィの戦いの結果をみてひじょうに感激し、どうしても古い仲間たちに加わりたいと願い、クロムウェル連隊のなかから組織されたウェイリー連隊の従軍牧師として、二年間、議会軍と行動をともにしました。バクスターは、かれの穏健な信仰の立場から言えば、兵士たちをまとめるには、兵士たちのセクト的精神は強すぎるのではないかと感じました。「コヴェントリで静かに生活していたわれわれは、心から国王と議会のために尽くすという古い信条を守っておりました。したがって、内戦こそが、教皇主義者や職務怠慢者から議会と王国を救いだし、国を分裂させる者を除外することができると信じておりました。そしてそうすることによって国王が議会にふたたびもどり、国王の同意を受けつつ以前と変わらない宗教が続くと信じていたのです。ところが、軍隊にもどってきてクロムウェルの兵士たちに囲まれてみますと、わたくしは、これまで夢想だにしなかった新しい事柄が起こりつつあることに直面いたしました。それは反乱の指導者たちが、きわめて熱っぽく教会や国家の転覆をひそかに語っていたことです。また兵士たちのあいだで独立主義と再洗礼主義がどんどん広まり、反律法主義とアルミニウス主義も流布しておりました」。クロムウェルに重用された主要な寵臣たちのうち、激しやすいセクト主義者たちは、征服王ウィリアムの大佐たちだけが、なぜイングランドの侯爵なのか、なぜウィリアムの少佐だけが男爵なのか、なぜウィリアムの大尉だけが騎士《ナイト》なのかと口々に述べていました。「かれらは、神の摂理は、勝利者である自分たちに宗教と王国の責任を託していることを明確に示そうとしておりました」。バクスターは、これらの危険な人物たちのなかで、とくに当時クロムウェルの最高の寵臣とみなされていたハリソンとベリーについて詳述しています。ベリーは、「内戦前から卓越した誠実な人物であり、生来宗教心の豊かな優秀な人物でした。かれは人の心を謙虚にさせる摂理や教義に精通し、友人たちと親交を深めつつ、高慢を最大の敵として心がけておりました。しかしクロムウェルに気に入られ、その並はずれた勇敢さで驚くべき成功をおさめたとき、さらに年老いたピューリタン牧師たちは宗教的に怠惰で虚栄心に満ちた低次元にある者であると考え、『新しい光』――わたくしにはそれがなにかわかりませんが――がより高次な到達点を明らかにすると考えていた者たちと親交を深めていったとき、ベリーの思想・目的・話し方など、すべてのことがすっかり変わってしまいました。かれは、神学体系や神学論争についてはほとんど学んだことはありませんでしたが、セクト主義者たちから『光』を得てからというものは、誤りを真実であると思い込む者によくみられる態度で生涯を貫きました」。また、「ハリソンは、わたくしとはまったく議論しようとはしませんでしたが、なごやかな会話のなかでは、自由の恩恵について――かれ自身はこれを誤って理解していましたが――正しい原理をもった者たちならば好ましいと思うであろうような、きわめて流暢な口ぶりで称讃しておりました。かれは、その感性と雄弁さにおいて生来すぐれた才能をもった人物でしたが、かれの宗教原理についてはあまりよく思われておりませんでした。かれは飲みすぎた者のように快活・陽気・敏活・楽天的な生来の性格をもっておりました。しかし生来謙虚な態度とはほど遠く、その性格が身の破滅を招きました」と述べています。[☆13]

ラングポートでの戦いのある日、鉄騎隊の突撃によってゴリングの軍隊が敗走したときに、バクスターは偶然ハリソンのそばにいました。そのときハリソンが、「恍惚状態に陥って大声を張り上げて神を讃美していた」のを聞きました。[☆14] そしてこのような感情をやわらげることができる人物は、こうした恍惚と、熱狂的な活力と、長年の慣習への軽蔑を共有していた者だけであり、またふつうの人ではもちえないほどの実践的な知恵と、より広い理解力を備えた者のみです。そしてクロムウェルこそがまさにそのような人物であったのです。クロムウェルは激情的な魂をもっていましたが、その激情のなかにも奇妙な規律正しさがありました。かれのもつこの規律正しさはかれの誇大願望による、というこれまで古くからあるかれにたいする見方は、かれの書簡や演説などの出版物によって完全に否定されうると考えられます。かれが真に熱狂的にその信条を信奉していた人物であり、その明言した目的を実現するという意味で真に誠実な人物であったこと、かれ自身の栄達はかれの目的ではなく、他の人がなしえない仕事をなしとげるために必要な条件であり結果であったこと、そしてそれらの諸事実に含めて、不誠実な動機がありえないときのかれ自身のことばや、個人的な不満の観点からかれの行為を回想するのではなく、その行為が実際になされたときの同時代人に与えたかれの印象をも考慮するならば、以上のことがクロムウェルの事績の事実を説明することのできる唯一のものです。これにたいする反論は、かれの生涯はすべて偽善であったということを根拠としていますが、こうした説明は革命的な指導者が自分の役目を果たすために発揮した個人的な魅力と矛盾しています。ナポレオンの場合、革命を指導したというよりもむしろ、革命に向かう勢いを軍事力の重視へと転じた人物ですが、偽善はまったくみられません。ナポレオンの強烈な自己中心性とヨーロッパ生活での物質への執着は、いずれも明白でした。他方で、クロムウェルには利他的な情熱があったという主張と、無法で乱暴であり、みせかけやそらとぼけをし、かつて革命を指導した指揮者のだれも避けえなかった罪を犯したこととは矛盾しません。クロムウェルが属していた時代には、恍惚状態になることによって、バクスターはみずからの信望を集め、ハチンソン夫人は夫の信望を集めました。地を離れ天へと心を高く上げつつ、気高い恍惚状態にならないかぎり、魂を救いだすことはできませんでした。

　バクスターは軍隊にいたとき、「クロムウェルとその軍司令部は、いかなる教派にも加わらず、すべての人のために平等な自由の実現を目指すことをみずからに課していた」と記しています。この記述は、書簡に見られるクロムウェル自身の見解とも一致します。セクトとクロムウェルとの関係は、ヴェインについて考察したのと実際上は同じです。ヴェインのような神智学はありませんが、クロムウェルも天へと心を向け、神と個人的に直接交わりをもつという同じような自覚――あるいは、もしそう名づけたければ夢――がありました。そしてそのことが、かれの「法意識」を変質させ、自分を「法の上に」ある者として位置づけたのです。かれはセクトの宗教的熱狂がよどみなく流れ出る水源から水を飲んだため、特定の水路へと心を向けることを好みませんでした。一方、かれは同時代のだれよりも思索的かつ政治的な働きを全体的に把握できる直感力をもっていました。この精神において、かれは内戦へと活動を開始し、「宗教心の篤い者」こそが「栄誉を受ける者」として戦うことができるということ、また宗教心の篤い者がひとたび戦いにのぞめば、セクトとならざるをえないということを見いだし、それがすぐに実践的なかたちをとって現われました。クロムウェルにとっては、かれの部下たちにとってと同様に、戦闘の結果は、神の意図の顕現でした。人びとの祈りにこたえて、神が火をもって認めた★21大義には、真実の神の定めた法《ユス・ディヴィヌム》がふくまれていました。もっともこのような信仰には危険性がともなうことは明らかです。これが、予期されうる狂信的な軍事的放縦とならず、つねにきわめてきびしい人格的倫理と、国家と国民の自由な幸福へと向かう真の情熱とによって治められていたことについては、クロムウェルにその特別な栄誉が与えられてしかるべきでしょう。

当時四十四歳であった農業経営者で大地主のクロムウェルが内戦初期に書いた書簡によれば、活気あふれる影響力を与え続けたかれが、生まれや信条を問わず、共通の理想と宣教の推進のために、最も積極的で熱意をもつ人びとを自分の回りに集め、しだいにこれらの人びととの活動の重要性が増し、そのはたらきがより明白に神によって認められたと思うようになると、自分たちの要求をより強い調子で主張するようになった様子が見て取れます。そしてかれらの態度は、ときには、クロムウェルが数年前の議会における土地囲い込み委員会において、自分と同郷のある負傷者の主張を、きわめて情熱的にかつ「激しい動作」で弁護したために、議長に叱責されざるをえなくなった時のことを思い起こさせます。その書簡でもっともひんぱんに言及された話題は、賃金支払いの遅れと糧食支給の滞り（のちの革命史との関連において念頭におかれるべきですが）によるクロムウェルの兵士たちの落胆ぶりや、信仰深い者たちのためにかれが心を痛めたことや、生まれの卑しい者や非国教徒を昇進させるために苦労したことなどでした。クロムウェルの従兄弟で、法務次官であったセント・ジョン宛の書簡がその一例です。この書簡は、辞退条例制定直後の軍隊の管理運営がいまだ不十分で、ヴェインが議会で目立った存在になるまえの時期に書かれたものでした。「わが軍の兵士たちの深刻な窮乏が、ことのほか、わたくしの心をせきたてることがなければ、ほかならぬあなたにまで金銭問題でわずらわせる気持ちはございません。……わたくしは現在ひどく無視されております。……もしわたくしが、激しい口調で議会へ書簡を書こうと思えばできるでしょう。……わたくしは、あなたがわたくしとわたくしの兵士たちが窮乏していることをお忘れになっているのではないかと危惧しております。……あなたはわたくしに支払う資金をもっておられます。わたくしは神かけて希望を失ってはおりません。わたくしは自分の身体を危険にさらすことを厭《いと》いはいたしませんし、わたくしの兵士たちも同様です。かれらが給料遅配に耐えていることをどうか真剣にお考えください。どうかかれらを破滅させないでください。……十分な思慮がなくまた軽率な行動はすべてをだめにしてしまいます。そのとき神がお助けくださらなければ、すべてのことが無に帰するでしょう。このことをあなたにお願いしているのはわたくしであることをお忘れくださいませんように[☆15]」。同じ書簡のなかでクロムウェルは次のようにも述べています。「わたくしの兵士たちの数はますます増えており、わたくしにはすばらしい仲間たちがおります。もしもあなたが兵士たちと知り合いになれば、かれらのすばらしさを認めることでしょう。かれらは『再洗礼派』などではなく、誠実でまじめなキリスト教徒です。かれらは人として役立つことを心に期しています」。この「すばらしい仲間たち」の召集方法については、サフォーク委員会宛のクロムウェルの書簡に次のような証言が残っています。「騎兵隊の隊長にどのような人物を選ぶべきか、またどのような人物を騎兵として採用すべきかについて、注意深く決定されるようにお願いします。数は少なくても、誠実な者たちのほうが、烏合の衆よりもまだましです。もしあなたがたが信心深い誠実な人びとを騎兵隊長に選任するならば、そうした隊長のもとに誠実な者たちが集まるでしょう。……たしかにわたくしは、あなたがたがジェントルマンと呼んでいる――それ以外になんの価値もない――人びとよりも、自分はなんのために戦っているかを理解し、また自分が理解しているものを大切にする、粗末な手織りラシャを着た隊長と出会いたいのです。そしてわたくしが尊敬するのは、そのように真にジェントルマンらしいジェントルマンなのです[☆16]」。別の書簡において、クロムウェルは次のように述べています。「ある種の人びとは、そのような質素な服をまとった人たちが騎兵隊長に任命されたのを知り、怒るかもしれません。名誉も家柄もよい人びとが、これらの職務に就くのがかつてはふさわしいことでしたが、当節はそのような人びとが出なくなったのはなぜでしょうか。だれが、そうした人びとが出てくるのを妨げているのでしょうか。ともあれ、革命の任務はぜひとも遂行されなければならないのですから、だれもいないよりは、平民でもいるほうがましです。しかし、最良なのは、欠乏に耐え、信仰深く、かつ自分の務めにまじめに対応できる人びとを得ることです。……もしこれらの人びとが『わが国にとって危険人物である』とみなされるなら、かれらすべてをわたくしのところへ送っていただければありがたいことです。わたくしはかれらを歓迎します。そしてかれらが貴下のために戦い、貴下のいわれる『より誠実な』人びと以上に内戦のさまざまな困難を耐え抜いたときには、かれらこそ誠実な人間であるとお認めくださるようお願いいたします[☆17]」。マンチェスター伯爵の側近である厳格な長老派の大佐が、自分と異なる意見をもったという理由で、ひとりの士官を停職処分にしたときに、その大佐宛の書簡のなかでかれは次のように述べています。「国家に仕える人びとを選ぶさいに、国家は、かれらの意見がどのようなものかについて注意することはありません。もしかれらが忠実に国家に仕えることを望んでいれば、それだけで十分なのです。……貴下がこの人物に好意を向け、よい評価を与えて、受け入れてくださることを望みます。もしかれが、わたくしの助言に従うならば、かれは貴下にとっても尊敬に値する者となるものと信じます。宗教にかんして貴下と意見が一致しないということ以外にはほとんど不満のない人物にたいして、あまりにもきびしく当たるようなことがあってはなりません。また他の人の言葉を聞いてすぐさまきびしく当たるようなことがないように注意していただきたい。もしかれが宗教上の罪以外の他の罪によって非難されるときには、そのことについては法にもとづいて決定されるべきです[☆18]」。またここでクロムウェルの他の書簡からの抜粋を引用しておきますが、その内容は、かれが戦いに勝利したときの気持ちや、その勝利は軍隊内に別の新たな教会を献堂すべしというしるしであり、それに反対の意見はないはずである、という見解を示しています。ひとつの抜粋はマーストン・ムアの戦いの直後に、かれの義兄弟であり、この戦闘で息子を失ったウォルトン大佐に宛てて書かれた書簡です。「まことにイングランドと神の教会は、内戦が始まって以来これまでになかったほどの大勝利を与えられて、これを神の大いなる恵みとして受けとめております。この勝利は、信心深い一団にたいして特別に与えられた神の祝福による完全な勝利です。われわれが攻撃に入るまえに敵は敗走しておりました。……神は、敵を、まるでわれわれの剣が株を刈り取るようにしてくださいました。われわれは、騎馬で敵の歩兵連隊に突撃し、敵のすべてを追い散らしました。……閣下、神は、あなたのご長男の命を砲撃によって奪われました。かれは砲撃を受けてその脚を折り、脚を切断することを余儀なくされ、その結果、かれは亡くなりました。閣下、わたくし自身も同じように苦難を受けたことはあなたも御存じです。しかし、主はこのことにかんしてわたくしを支えてくださいました。神は、われわれが熱望し、それを求めて生きている幸福な地へとかれをお連れになりました。あなたの大切なご子息は、栄光に満たされ、もはや決して罪も悲しみも知らずにいられるかの地におられるのです。……かれは死をまえにして心の安らぎのなかにあり、フランク・ラッセルやわたくしに向かって、そのことをわざわざ言うまでもなかったのだと思います。『痛みを超える偉大な慰め』、これが最期の言葉でした。それはまことに立派なことでした。しばらくしてかれは、心にあることが浮かんだと言いました。わたくしは、それはなにかとたずねました。かれは、自分の負傷は、神がかれにたいしてこれ以上敵を処刑することを許されなかったのだ、と答えました。……まことにかれは、軍隊のなかでかれを知るすべての人びとからこのうえなく愛されていました。しかし、かれをよく知る人はそう多くはなかったと思います。かれは、神にふさわしい貴重な若者でしたから、あなたは、神を讃美されてしかるべきです。ご子息は天上で、栄光に満ちた聖徒となっております。このことについて、あなたは大いに喜ばれるべきです。どうか、これによってあなたも悲しみをすべてお忘れになりますように。このように申しますことは、あなたを慰めるための通りいっぺんの口先だけの言葉ではありません。以上のことは本当のことであり、疑いもなく真実なのです。……神の教会にたいして公けに示されたあわれみが、貴下の私的な悲しみを忘れさせてくださいますように[☆19]」。もうひとつの引用は、ブリストルの攻略についての結末を述べたものです。これは、庶民院の議長宛の書簡です。「以上のことはすべて神のみわざにほかなりません。これを認めない者は、根っからの無神論者に違いありません。……閣下、この任務に奉仕した者たちは、信仰と祈りとによって閣下のためにこの都市を確保したことを知っております。われわれだけではなく、閣下と全イングランドの神に属する――この任務において神の祝福を求めて神と格闘した――すべての人びとのことを私は述べているのです。われわれの望むところは、われわれの必要とするところを、求めに応じてすべて満たしてくださった、その同じ信仰の霊が、いま神を称えまつることなのです。神がすべての讃美を得ることはふさわしいことです。すべての者がここでは信仰と祈りの霊を共有するのです。長老派からも独立派からも参加と応答があり、かれらは同意しあって、そこにはなんの違いもありません。そして他の場所で、このようでないのは残念なことです。信じる者すべてのあいだでは、真の一致があります。これはたいへん光栄なことです。なぜならそれは内的なことであり、霊的なことであり、肉的なことであり、知的なことであるからです。形において結合していることは一般に一致と呼ばれますが、あらゆるキリスト教徒は良心がゆるすかぎりにおいて平和のために努力するのです。そして兄弟たちにかんして、精神に属する事柄において、強制ではなく、光と理性のみを求めるのです[☆20]」。

　このような精神と大義をもち、それを体現する指導者のもとで、明白に神の恩恵を受けているように思われた軍隊は、一六四六年の夏までには勝ち誇りつつ任務を終えて休息しました。

ところが翌年、議会内多数派である長老派が軍を抑えようとしたため、軍隊内に苛立ちの空気が生じ、それはしだいに御《ぎょ》しがたいものとなっていきました。この多数派のなかには、一方にはホリス、グリン、メイナードらの法律家たちがおり、他方には、ステイプルトン卿など辞退条例により軍の指揮からはずされた軍人たちがいました。これらの者たちが軍に反対した動機は、長老主義で統一しようという熱意と、政府の君主制的基盤が軍によって乱されそうになることへの危惧、軍隊にたいする敵意が入り混じったものでした。軍は急進的であり民主制支持派であり、一般的に高位者にたいして不敬な態度をとり、ジェントリ・牧師・行政官からは危険であるとみなされていました。ロンドンの牧師たちや行政官たちは、長老派を支持し、毎週、教会内の苦情を議会に陳述しました。一六四六年一二月にロンドン市長は、みずから嘆願書を提出し、そのなかで市長はとくに、説教壇が兵士説教者たちによって占拠され、そこでは「厳粛な同盟と契約」を軽蔑する言葉が吐かれ、それによって異端とセクトが増大しているとの苦情を述べていました。そして、これらの諸悪を取りのぞくためには、この契約が国家全体に適用され、それに反する者には罰則を課すること、正式に任職されていない者は説教することが認められないこと、さらには、あらゆるセクト主義者は抑圧されるべきことを長老派は願っていました。このため議会は、平信徒の説教者を禁じる法令を可決し、各地の行政官が、その法令を施行するように定めました。しかしこの法令も、説教者が兵士身分の者であればそれほど有効であったとは思われません。その実情については、その時期のことを書いたホワイトロックの『回想録』[☆21]の一節によって垣間みることができます。「騎兵が説教をし、聖書を釈義し、誤った見解を述べていることを検討するように、ある牧師が軍会議に提議しました。軍会議はそれらの項目のうち、戦時の法律や条項に反するものはなにひとつないと判断しましたが、ただその騎兵が教区司祭を『反キリストの牧師』と呼んだという咎《とが》を認めることを明示し、かれがそれを認めたので、時をおかずに投獄されました」。軍会議のこのような寛大さにたいして、ロンドンの牧師たちの集会宣言は対照的なものであったと言えましょう。この宣言は、具体的な異端の例を一二点あげて弾劾し、次のように要約しています。「ここにわれわれは、主教制、エラストス主義、ブラウン主義、独立主義にたいして強い反感をいだき、また反聖書主義、カトリック、アリウス派、ソッツィーニ派、アルミニウス派、反律法主義、再洗礼派、放縦主義《リベルティズム》、ファミリスト主義にたいしてまったく相容れない憎悪の念を申し上げます。さらにわれわれは、寛容論の過ちである、人間は、神の御《み》言葉にもっとも適合すると思う仕方で神を礼拝する自由をもつべきだとする教義をわれわれが嫌悪していることを申し上げます[☆22]」。エドワーズは、この嵐が最高潮にあった時期に出版されたかれの『ガングリーナ』のなかで、異端についてより詳細に論じています。かれは、当時普及していた一七六の誤った教義を列挙し、それらを一六のセクトに分類したうえで議会に、エリの前例[★22]から警告を与えて、かれらを抑圧するために強制的な権力を用いるように、あるいは寛容策に終止符をうつように訴えました。宗教的寛容は「スコットランドのちかしい兄弟たちを驚愕させた」事柄であり、「宗教改革のもっともすぐれた栄光を陰《かげ》らせる」ものであるとされました。わたしたちにとっては、こうしたおどし方にはおかしな点があると言わざるをえません。すぐれた審判者ミルトンにとって、これはきわめて深刻なことでした。

> 人生、学問、信仰、清き意図において、聖パウロに
> 劣るところがないという高い評価を有する人びとでさえ、
> 浅薄なエドワーズやスコットランド人のなにがし★[23]にかかれば
> 異端の輩と呼ばれたり、刻印されることになろうとは★[24]！

セクトの兵士たちは、議会の権利のためにではなく、聖職尊重主義制度ではかれらに許されなかった霊的な自由をまもるために戦ってきました。「かれらはなんのために戦っているかを知っており、そのことを大切に思っていました」ので、この弾圧は、かれらが血を流して戦いとったものすべてを奪い去る恐れがあるものとみなされました。この危険は、スコットランド軍が依然としてイングランドに滞在し、国王までがその指揮下にあったあいだに、もっとも高まりを見せました。もし国王が長老派の申し出に合意していたならば、国王はロンドンへもどり、（マシーの兵士たちがその指揮下にあった）議会と長老会議とスコットランド軍全体を指揮し、急進的な軍と対抗できたかもしれません。そうなれば、より絶望的な新たな内戦があと

に続き、おそらく無制限な王政主義に逆行したかたちで内戦は終結したことでしょう。しかし、チャールズは、その全能力を用いたとしても、戦略を有利に実行するのに必要な広い視野をもっていませんでした。国王は、どちらにも与《くみ》することなく議会と軍を争わせたのです。両者が相互に徹底的に傷つけあうあいだに、モントローズの軍隊とすでに国王が条約を結んでいた「アイルランド反乱軍」が侵攻し、国王にとって有利な決着をつけることができると信じていました。このように国王はスコットランドの側に立っていたあいだ、あるいはそれ以前でさえ、ヴェインと独立派を買収しようとしましたが失敗し、最後には、チャールズに愛想をつかしたスコットランド軍は、一六四七年初頭に未払いの賃金を議会から受け取ると、さっさと帰国してしまいました。

　この間《かん》ずっとクロムウェルは、議会にいて状況を見据えていました。かれの立場は強力なものでした。軍の駐屯地を中部地方の各州に設置していたために、スコットランド軍が突然にロンドンへ侵攻することを阻むことができました。また、かれの軍隊内の友人たち、とくに義理の息子アイアトンが、一六四五年末に、欠員になっていた議席に選出されたことにより、軍と議会とのあいだで頻繁な意思疎通が可能となりました。古い議員たちのあいだでは、おもにヴェイン、マーティン、セント・ジョンがクロムウェルの支持者でした。かれらはいくつかの点にかんして、クロムウェルともまた相互でも相違点がありましたが、共通の敵対心によってとりあえず団結していました。ヴェインの関心は、宗教的な基盤に深く根ざした思想の自由を保障することにありました。そのかぎりでは、クロムウェルとヴェインは一致していました。しかし、のちに明らかになるように、ヴェインの性格は、革命が軍事的な様相を呈するとなると、革命を指導するには不適格でした。かれは臆病者とみなされていました。かれには、戦時にあって人に影響を与えるような快活で荒っぽい雰囲気はありませんでした。政治に軍隊が干渉することと、あらゆる分野において個人が突出することは、かれがもっとも嫌ったことでした。

一方、マーティンは、より荒々しい性格の人間でした。内戦初期の段階で共和政を主張していたのはマーティンのみでした。庶民院におけるかれの機知はきわだっており、この時期の人物のなかで、唯一かれの演説の記録は楽しみながら読むことができます。マーティンは、長老派がとなえる統一を心底嫌っていました。かれは明らかに宗教心に欠けており、そのためこの時代の主流の精神である長老派にたいして同情的な考えをもっていませんでした。マーティンにたいするクロムウェルの個人的な影響力は、ヴェインにたいするよりも少なかったと思われます。一六四三年八月に議会が、国王が議会の要求を受け入れないならば、国王と王家は「根こそぎにされるべきだ」と主張していたソルトマーシュ牧師を弾劾していたときに、マーティンは、「多くの家族が滅ぼされるよりはひとつの家族が滅ぼされるほうがまだよい」と言ってソルトマーシュ牧師を支持しました。これにかんして議会では大騒ぎとなり、多くの議員たちは、「マーティン氏のだらしのない生活と高飛車で攻撃的なもの言いを非難した」と伝えられています。マーティン氏にたいする怒りは激しく、そのためかれはしばらくのあいだロンドン塔に投獄され、約一年半、議会にもどることはできませんでした。セント・ジョンは、エラストス派の弁護士であり、船舶税[★25]の件で、ハムデンを弁護しました。かれは弁護士のあいだでもっとも主要な人物と言われています。かれは、肌の色は黒く、その性格は暗く、かれの知性の光とは対照的でしたので、「暗いランプ」というあだ名をつけられました。かれは良心の自由にかんしては強い主義主張をもっていましたが、弁護士としては王政の必要性を信じていました。また自分の目標を達成するために、つねに最短の道を選び取ろうとしました。クロムウェルは、セント・ジョンと個人的に親しく、他の人との友人関係においてもそうでしたように、かれらの友情は長く続きました。セント・ジョンは、敬虔な軍人の情熱と世俗の知恵とを実践的に結びつける役目を果たしました。これらの人びととともに、クロムウェルは、スコットランド軍の撤退についての交渉を心配しつつ見守り、その進展をうながしたのです。やがてスコットランド軍がイングランドから去り、議会の監視下に置かれていた国王がホームビィへ移送されて、ようやく議会側の大義を脅かす危険度が軽減されたとはいえ、危険は決して取り除かれたわけではありませんでした。一六四七年前半には、長老派の指導者たちは、かれらの大義を実現するために必要なふたつの計画、すなわち、国王との和解と軍の解散を推し進めていました。軍にかんするかれらの改造計画とは、軍の一部を、長老派の指導者たちの配下にいるマシーと、強固な長老主義者であるスキポンを軍司令官としてアイルランドへ派遣し、その他は、かれらの意のままになる少数の連隊を除いて解散すること、そしてとくにクロムウェルの権力を制限する意図で、フェアファクス以外の者は大佐以上の等級にはつけないというものでした。一六四七年の春に、このような内容の決議が議会を通過しました。奉公人たちからなる群衆に担ぎあげられた信徒説教者たちに反対する嘆願書をロンドン市がひんぱんに提出して圧力をかけていたことはまちがいありません。しかし、その間《かん》に軍はそれ自体の合議体をもっていました。一つの連隊に属するいくつかの部隊が、それぞれの代表を選出して連隊会議を作り、さらにその会議からひとりの代表が選ばれて、軍の全体会議に参加しました。この全体会議の議長はおおむね、クロムウェルととくに親しい友人であったベリーが務めていたようです。ベリーの性格についてはバクスターがその著書のなかで書いています。[☆23] このように軍は定期的に意見を交換する組織をもっていましたので、そのことからも軍はみずからがイングランドの「信仰心篤い人たちの利益」を真に代表しており、議会の権威よりも高い権威によって認可されているとみなしていたことが推察されるのです。最初は、軍の要求はやや控えめなものでした。かれらは、クロムウェルとフェアファクスが指揮するのであれば、全員アイルランドへ行くつもりでいました。またかれらは、賃金が支払われ、戦時中の罪が免責条例によって保護されるならば、軍を解散するのも可なりと考えていました。最後に残ったちょっとした難点は、給料遅配の問題だけでした。議会は、八週分の賃金の停滞分だけしか払おうとしませんでしたが、軍は、少なくとも五〇週分の賃金停滞分の支払いを要求したのです。その間《かん》にロンドン市の民兵軍は、かれらの信頼していた長老派の手中に置かれました。国王は暫定的に（いかに誠実ではなかったかはかれの書簡が示していますが)、長老派の予備的な提案を受け入れ、国王個人として協定を結ぶことを要望しました。貴族院はそれに同意し、国王をロンドン近郊のオートランズへ移すように議決しました。もしこれが実行されていたならば、国王は軍に敵対する者たちと直接に意志疎通をはかることが可能となり、国王主義と長老主義の融合がこの時点で完全なものとなったことでしょう。ホリスとその仲間たちは、この成果は自分たちに有利に働くと考え、ホワイトロックの慎重であれという忠告に反して、軍の解散を主張しました。そのため軍の論調がより激しくなり、六月初頭に騎兵隊旗手ジョイスに率いられた騎兵部隊が、ホームビィに現われ、高官たちから国王を奪い去ったという知らせがもたらされました。ホワイトロックの伝えるところでは、「高官たちは騎兵隊の行動に驚愕し、いかなる権限によってこのようなことをするのかと尋ねました。しかし、かれらは、それは軍の意志であるということ以外にはなんの説明もしませんでした。のちに国王も、かれらがいかなる権限でそのようなことをしたかを尋ねました。するとジョイスは、陛下はわれわれの任務を御存じのはずですと答え、それにたいして国王は、これまでに見たこともないほどの最高に美しい装飾壁――そこには五〇〇人の凛々しい騎兵隊たちが画かれていました――を見た、と答えました[☆24]」。このことが起こった同じ日に、クロムウェルはひとりの下僕とともにロンドン市街から騎馬で脱出して軍の駐屯地に移り、危機一髪でホリスの仲間によって強制的に監禁されるのを逃れることができました。陰謀はいまや深刻の度を増しました。軍はトリプロー・ヒースで全体集会をもち、そこへやってきた議会の委員に「正義を、正義を」と叫びました。そこから議会軍はしだいにロンドンへと移動しました。アイルランド出兵計画を妨害し議会軍および国民の自由に反した罪により、ホリスとほか一〇名の議員にたいする弾劾条項が議会に提出されました。二か月のあいだ、議会軍側は自分たちの要求が実行されることを、ときどき催促状を議会に送付しながら、完全にみずからに自制を強いつつ返答をまちました。他方、ホリスとその仲間たちは、すっかり弱気になって軽挙妄動の行動にでました。ロンドン市当局は、ホリスらの指導のもとに、烏合の衆をかき集めて、統制のあまり取れない民兵軍を組織し、その指揮権をマシーに与えました。しかしあまりにも議会に圧力をかけすぎたために、庶民院議長と両院の多くの議員たちは軍側へついてしまいました。これが転機となり、議会は軍に認可を与え、軍はマシーの最前線をたやすく突破し、ロンドン郊外に宿営しました。ロンドン市民はろうばいし、「多くの人びとが市庁舎《ギルドホール》に集まりました」。そして市の民兵隊が軍の進軍を止めたり、よい情報を偵察兵がもたらすと、かれらは皆「いいぞ、いいぞ」と叫びました。しかし、クロムウェルの軍隊がかれらのほうへ前進してきていると偵察兵が報告すると、かれらは大声で「なんとか防げ、なんとか防げ、なんとか防げ」と叫びました[☆25]。しかし市当局は、すでに力尽きていたにもかかわらず空威張りして、「美しき平静を」という決議を軍隊に送りました。その言葉づかいの良し悪しはなんであれ、軍側はそれを無視して、八月六日にロンドン市内に進軍しました。「その様子は整然として礼儀正しく、その言動や立ち居振る舞いは、だれにたいしてもいささかも不快感を抱かせるものではありませんでした」。

いまや軍の手中にある国王は、軍の意のままに操られた生活を送っていましたが、軍がパトニーに最終的に司令部を設置すると、従者たちとともにハンプトン・コートでかなりの程度の生活を許されました。その間《かん》はクロムウェルに信頼されていた従兄弟のホエーリ大佐の監視下に置かれました。そして国王は一一月にワイト島のケアリズブルック[★26]へ敗走するまでここに滞在していました。クロムウェルの生涯を長期的な計画のもとにみずからの地位向上をはかった結果として説明する者は、この時期には、クロムウェルはおそらく最初は国王をかれの指揮下におき、国王を権力の座にもどすことを視野に入れて、国王とのあいだで個人的な交渉をしていたと推測しています。そしてのちに国王を破滅に導いたというのです。すなわち、クロムウェルは、最初は国王に王位復帰という虚しい希望を抱かせて、議会の提案を拒絶させ、ついにはハンプトンからの脱走をすすめ、クロムウェル自身が用意したケアリズブルックの隠れ場に秘密裡に移したと推測しています。このような見方は、一六五〇年の夏に、クロムウェルがアイルランドから帰還したさいにマーヴェルが書いた頌詩《オード》に顕著に表現されています。

内戦のあらゆる戦場において、
　クロムウェルの与えた傷が深くない場所があっただろうか。
　　そしてハンプトンでは、かれがいかに巧みな戦術をもつ者であるかが示された。
そこでは、ほのかな恐怖と希望を紡ぎあわせて、
かれははるか先を見通して国王を捕えるための
　網を紡ぎ、チャールズ自身を
　ケアリズブルックの狭い箱へと追い込むようにした。

そのときから国王という名のこの役者は
悲劇的な絞首台を飾る運命におかれていたのであった。[★27]

しかしながら、この件についても、他の件と同様に、実際には、歴史は一般に考えられているほどには個人的な事柄で動くものでもなければ謎めいたものでもありません。クロムウェルとアイアトンが、この年の夏に個人的に国王と交渉したことには疑いの余地はありません。しかしこの交渉は、軍の同意のもとになされ、また王の移動についても議会に伝えられた公的なプログラムにもとづいていたのです。同時に議会は、いまだに長老派よりの考えを固持しており、スコットランド人とともに、ある提案を王に提出しましたが、それは、スコットランド人がニューカスルにいたときに国王が拒絶したものと同じ内容でした。軍の提案のきわめて重要

な点は――それについての詳述はのちほどしますが――国教会の共通祈禱書の使用を認めたことと、「厳粛な同盟と契約」の強制的な執行を禁止したことです。他方、議会の案は、厳格な長老派の意図のもとに書かれたものでした。七月に軍の提案が正式にチャールズにたいして伝えられたとき、国王はきっぱりと、その提案は軍が国王を敵対視しているものとして扱いました。しかしクロムウェルとアイアトンはその後も国王との交渉を続けました。かれらは、長老派が次になにをしようとしているかはっきりしていない段階で――一方、国王は、奇妙なことですが、長老派たちを甘言でだまして軍と議会とを争わせることができると考えていました――、国王が長老派と合意することだけは阻止しようとしていたのです。クロムウェルとアイアトンは、最高の敬意をはらって国王に接していましたが、そうだからといっていささかもかれらの主張の調子を下げることはありませんでした。かれらは国王の手に接吻することに同意できず、国王自身は、恩恵や勲章を与えると約束しても、軍の側はそれに感謝する気配もないと不平を述べていました。かれらがいかに完璧にその国王と距離をおく態度を貫いたかについては、二人の証言者がおります。それらの証言者たちとは、国王の相談相手であるバークリーとハチンソン大佐夫人であり、いずれも立派な証言者であり、また別々の理由から二人ともクロムウェルにたいして友好的ではない人物でした。九月の半ばまでには、クロムウェルとアイアトンは、国王について希望的観測をもつことを完全に断念しました。チャールズが王妃宛の手紙を、伝令使の馬の鞍の垂れのなかに縫い込んだ話はよく知られています。手紙の内容は、軍もスコットランド側も国王の機嫌を取ろうとしているので、自分は両者のうちでよりよい条件を申し出るほう――おそらくはスコットランド側――と合意するというものでした。クロムウェルとアイアトンは、そのことについての秘密情報を入手し、騎兵の軍服を着て、ホルボーンのブルー・ボアにある伝令使の宿泊予定の宿で酒を飲みながら待ち受け、伝令使を捕え、鞍の垂れを引き裂き、手紙を発見したというのです。このエピソードには多少の潤色がほどこされています。たとえば、その手紙には、クロムウェルとアイアトンが絹のガーター勲章を期待しているが、実際に与えられるのは（絞首刑用の）麻の縄であろうと記されていたということですが、それは、おそらくは真実を伝えていたものといってよいでしょう。しかし、国王が二重取引をしていることについての疑いをクロムウェルとアイアトンが確信するためには、このような謎に包まれた発見に頼る必要はまったくありませんでした。国王にはたいへん奇妙な性質があって、自分の術策がうまくいった喜びを隠すことができず、そのため、クロムウェルとアイアトンにたいしてあまりにもあからさまに語りすぎ、他方、クロムウェルたちもはっきりと、神が国王の心をかたくなにされたとの判断をくだしていました。

　これらの交渉が続いていたときに、軍の熱狂的かつ急進的主張が、急速に共和主義的主張へと傾いていきました。さらにこの共和主義的主張は、「平等化の精神」すなわち「ジェントリ、牧師、行政官」全般にたいする怒りの表われとなり、その怒りはいつ爆発してもおかしくない状態でした。兵士たちは自分たちの印刷所をもち、議会によって扇動的であると決議された小冊子をたえず出版していました。クロムウェルとアイアトンは、よく参加していた軍の祈禱集会において、軍内部における興奮が高まっているのを感じ、それはもはや制御できなくなっていることを確信しました。クロムウェルもアイアトンも明らかに共和政をめざすことには慎重でしたが、一六四七年の秋ごろからは、平等化を求める欲求を抑える唯一の方法は、共和主義者に同意することであるとさとりました。そこでかれらは同意することを決心し、事態がこれ以上好転しないと考え、国王がハンプトン宮殿で自由に過ごすことを許しました。ところが、国王はその自由を利用して、カペル、オーモンド、ローダーディルと、イングランド、スコットランド、アイルランドにおける国王連合派と反乱を共謀したのです。そして一一月八日に国王はハンプトンを脱出し、カーリスブルクへ向かいました。国王がスコットランドよりもこの地に避難したのは、かれがこの地の軍に顔がきくと考えていたことと、知事のハモンドに働きかけることができると考えていたことであり、それについては、たしかにある程度の根拠がありました。

一〇月に入ってから、クロムウェルは、ウェストミンスター議会に出席し、国王にたいする提案を準備しつつありました。この過程でクロムウェルは、主として新しく選ばれた士官たちからなる少数派の強靱な共和主義者たちと対立しました。この対立は、クロムウェルが国王に二枚舌を使ったことによるとみなされています。なぜなら、国王には別の関心事があり、議会の提案を拒絶し議会と最終的に決裂することをクロムウェルはわかっていたと言われています。

しかしながら、次のことに注目しなければなりません。すなわち、クロムウェルが、共和主義者を支持するさいに、良心の自由を保証する条項を入れることと、長老派による統治の期限を定めることという、二つの条件をつけたという点です。この危機の時代における、さらにはのちに続く歴史を通じてのクロムウェルの行動を理解する重要な手がかりは、政府が党派争いに巻き込まれることを防ぎ、「信仰心の篤い者の利益」を保証するような、各党派間の和解を求めることにあったということでした。この目的のために、クロムウェルは、穏健な長老派と完全に手を切ることなく、軍のより温和な人びとが満足するような政策に議会が目を向けることを求めたのです。平等化を求める人びとの勢力が強かったために、そのような調停が必要となりましたが、その勢力はすぐさま、もはや手に負えないかたちとなって現われました。クロムウェルの勇気と説得力だけが事態を抑えることができたのです。一一月一五日に、フェアファクスとクロムウェルは危険な連隊をウェアに集結させ、兵士たちにたいする「諫言《かんげん》」をフェアファクスが読み上げました。これにたいして、かれらは以前から要求していた賃金の支払いと賠償および新しい自由な議会の召集を要求しました。フェアファクスは、自分の命令を完全に守ることを兵士たちが約束するならば、それらの要求を支持しようと述べました。この発言によって、一つの連隊を除き、反乱を起こしかねない兆候を示していたすべての連隊が了承しました。そのときクロムウェルは馬を走らせて、武装した連隊と鉢あわせするほどの最前列まで進み出ました。そして挙動が気になる一一名にたいして、クロムウェルは隊列から一歩前に出るように命じ、かれらはそれに従いました。そのなかから三名が軍事裁判にかけられ死刑が宣告されましたが、実際に銃殺されたのはひとりだけで、ほかは許されました。このように、ひとりの生命が失われましたが、おかげで反乱の発生は免れました。かれらの指揮官たちが頭に冠をいただく敵との「肉的な協議」を進めて、「主なる神の民」の大義をふたたび危機に陥れるなどということはありえないという確信を新たに与えられること、これが軍を落ち着かせる秘訣でした。

ケアリズブルックの国王のもとへは、議会の最終提案として四つの法案が伝えられました。それらは議会での独立派の優位を実現することを狙ったもので、クロムウェルとその仲間たちの努力の末にようやく実現したものでした。これらの法案には宗教についての言及はなく、庶民院の優勢だけを保証しようとするものでした。しかしこれらの法案をチャールズは拒絶すると同時に、主教と儀式を重視するというかれの願望を抑えて、スコットランドとの協定に署名しました。この協定は、長老主義教会を制度的に確立する代償として、国王をセクト主義者たちから救出することをスコットランド軍に保証させ、さらに国王には実質的に抵抗しないという条件で、ロンドンにおいて復位させるというものでした。しかしこれが国王の終焉の発端となりました。一六四八年一月三日に、クロムウェルは明らかにその気持が高ぶるままにハモンド大佐宛に書簡を書いています。「庶民院は国王とわれわれの同志であるスコットランド人との最近の取引における交渉の在り方にきわめて敏感になっています。……そこで庶民院は、本日以下のように議決しました。第一に、議会は、決して国王と連絡をとらないこと、第二に、両院の許可なくして国王と交渉する者は、大逆罪として罰せられること、第三に、かれらは国王からの申し入れを受け入れないこと」。それ以後、選択肢は二つにしぼられました。すなわち、新たな国王派の反乱によって長老派の短命な独裁を回復し、その後より長期にわたる主教による独裁へと至るか、あるいはこの反乱が失敗し、かれらの意図が挫折して軍事的な共和政が確立されるかの二つです。

原註

☆1 「ある隠居した男の黙想」（フォスター『著名イギリス政治家』第四巻八四頁より引用）。

☆2 サイクス（フォスター、前掲書、第四巻八一頁註からの引用）。

☆3 ラシュワース、一六四三年六月一二日。

☆4 ニール『ピューリタン』第一巻四七一頁。

☆5 ホワイトロック『回想録』第一巻二〇九頁、一八五三年版。

☆6 ホワイトロック、前掲書、第一巻二九四頁。

☆7 「長期議会にはびこる新しい良心弾圧者たちに」一六四六年頃。

☆8 ホワイトロック、前掲書、第一巻三四三―七頁。

☆9 ホワイトロック、前掲書、第一巻二〇九頁。

☆10 マゼーア『長期議会史の抄録』トラクト一号〔キリスト教会が伝道に用いた小冊子〕、七四頁。

☆11 わたくし自身の東の方《かた》よ！／なんと神は近くにおわしましますことか。／神は天にて輝いた／神の魂はわたくしたちの上に！／わたくしたちは神を感じる、理性によって知ることは／むずかしかろうが。

（R・ブラウニング『ルリア』）

☆12 『バクスター自叙伝』五一頁。

☆13 バクスター、前掲書、五七頁。

☆14 バクスター、前掲書、五四頁。

☆15 カーライル『クロムウェルの書簡と演説集』第一七書簡。

☆16 カーライル、前掲書、第一六書簡。

☆17 カーライル、前掲書、第一八書簡。

☆18 カーライル、前掲書、第二〇書簡。

☆19 カーライル、前掲書、第三一書簡。

☆20 カーライル、前掲書、第三一書簡。

☆21 ホワイトロック、前掲書、第二巻一〇四頁。

☆22 ニール、前掲書、第二巻二六五頁。

☆23 『バクスター自叙伝』五七―九七頁。

☆24 ホワイトロック、前掲書、第二巻一五四頁。

☆25 ホワイトロック、前掲書、第二巻一八九頁。

訳註

★1 宗教上の事柄にかんする最高権は国家にある、と主張する国家至上権主義者。トマス・エラストス（一五二四―八三年）はバーゼルの医師であり、スイス宗教改革の指導者フルドリッヒ・ツヴィングリの弟子。

★2　一六四三年九月締結。イングランド議会側が、スコットランドと軍事同盟を結ぶことによって、国王軍にたいする軍事的劣勢の挽回をはかろうとして結ばれた盟約。イングランド側の期待が軍事同盟にあったのに反して、スコットランド側は、イングランドが長老制を採用するという宗教的同盟に固執し、ウェストミンスター神学者会議に八名の特命委員を派遣した。

★3　聖書のなかに神が直接制定されたものと解釈したもの。

★4　トマス・グッドウィン、フィリップ・ナイ、ジェレミー・バロース、ウィリアム・ブリッジ、サイドラック・シンプソン、ウィリアム・グリーンヒル、ウィリアム・カーダーを指す。

★5　元来、中世のキリスト教会が農民に課した貢税であり、収穫物の十分の一を現物で徴収したが、一五世紀以降しだいに金納化された。

★6　ミルトンのソネット「長期議会にはびこる新しい良心弾圧者たちに」（一六四六年頃）からの引用。このソネットは「新しい長老は、古い国教会司祭の焼き直したものにすぎない」と結ばれている。

★7　スコットランド長老派教会の教会会議で、牧師と長老からなる最下位の宗教法廷。

★8　いくつかの各個教会からなる、ある地区の全体教会を指す。そこに構成される牧師と長老からなる地区長老会をプレスビテリと呼び、管轄区内の諸教会を支配する権能をもつ。クラシスの集合体としての大教区（プロヴィンス）がある。第一講訳註16参照。

★9　「A・S」とは、スコットランドの長老派でライデンの宗教哲学教授アダム・スチュアート（Adam Stewart）であると考えられている。

★10　ロンドン西部ミドルセクスに現存するノーサンバーランド公爵邸。ピューリタンらの礼拝堂として用いられた。

★11　一六四四年七月二日に、スコットランド軍やクロムウェル率いる「鉄騎隊」の活躍により、議会軍が国王軍を撃破、議会軍の勝利に終わる。その結果、国王は北部地方を失うことになり、クロムウェルがこの戦闘により頭角を現わす。

★12　一六四五年六月一四日に、イングランド中央部のネーズビィにおいて、国王軍が大敗。これ以後の革命の内戦は議会軍の優勢に転じた。

★13　一六四五年二月一七日に議決した「ニュー・モデル軍設立条例」により設立した新しい議会軍。クロムウェルの「鉄騎隊」を基盤にして、議会軍を改革して、再編強化された軍隊。

★14　長期議会の議員が軍の役職を辞することを定めたもの。一六四五年四月三日に決議された。「辞退条例」により、エセックス卿など革命に消極的な議員出身の司令官らを議会軍から排除し、新司令官にフェアファクス卿が、副司令官にクロムウェルが就任した。クロムウェルの就任にあたっては「辞退条例」に除外規定がもうけられた。

★15　「厳粛な同盟と契約」を指す。

★16　クロムウェルと宗教的・政治的信念をともにし、みずからを「聖徒」とみなす人びとが、自発的に結成した騎兵隊。戦闘における機微さと規律の維持、敬虔な宗教的雰囲気などの点から敵軍からも恐れられた。

★17　旧約聖書「イザヤ書」第六四章第三節からの引用。

★18　新約聖書「ヘブライ人への手紙」第五章第七節からの引用。

★19　一八四六年作。

★20　一六四二年一〇月に起こった最初の戦い。

★21　旧約聖書「列王記（上）」第一八章第二四節参照のこと。

★22　エリは、旧約聖書時代にヤハウェの契約の箱が置かれていたシロの聖所の祭司。ペリシテ人との戦いに敗れ、契約の箱は敵の手に落ち、老いたエリは死んでしまう。旧約聖書「サムエル記（上）」第四章第一節―第一八節に記されている。

★23　ロバート・ベイリー（一五九九―一六六二年）を指す。

★24　ジョン・ミルトン「長期議会にはびこる新しい良心弾圧者たちに」（一六四六年ごろ）九―一二行からの引用。

★25　海港や海岸都市に課せられていた税。一六三四年にチャールズ一世が他の諸都市にも課した。一六四〇年に廃止。

★26　チャールズ一世は、一六四七年から四九年までワイト島ニューポート近くにあるケアリズブルック城に幽閉された。

★27　マーヴェル「クロムウェルに捧げるホラティウス風の頌詩」四五―五四行からの引用。

第三講

第二講では、チャールズに絶対的な勝利を許さない唯一の方法としては、軍主導の共和政を確立する以外にはないということが明白となった時点に至るまでの政治的経過についてお話ししてきました。そしてともあれこの共和政が、唯一の権力主体となりうるためには、イングランドの長老派が、議会内のエラストス派や独立派と合意できるかどうか、またこれら両派とクロムウェル軍とが合意できるかどうかという点にかかっていました。一六四八年春に、すべての党派と了解しあいたいと考えていたクロムウェルは、その目的達成のためにあらゆる努力をしましたが、それは徒労に終わり、すべての党派からの警戒心を買う結果となりました。クロムウェルは自宅で「議会と軍双方の幹部《グランディーズ》と呼ばれる人たちと、共和主義者たちとのあいだ」で会議をもったと、ラドロウは伝えています。議会の幹部とは、おそらくエラストス派や独立派を支持した長期議会開会時からいた議員たちのことを指すものと思われます。たとえば、セント・ジョンやナサニエル・ファインズ、それにそれほど目立った存在ではない一、二名の貴族院議員、さらには共和主義者であることを公けにするまえのヴェインもそこに入っていたかもしれません。共和主義者たちとは、ラドロウ自身やハチンソン、トマス・スコットといったクロムウェル軍の指揮下には入っていなかった士官たちを指します。一六四五年末に議会の空席を埋めるために議員に選ばれた者たちのうちで軍幹部のひとりであったマーティンは、共和主義者たちの先頭に立つ存在でした。ラドロウによれば、クロムウェルを頭《かしら》とする軍幹部は立場をあいまいにしたところがあって、「王政、貴族政、民主政もそれ自体は悪いものではないゆえ、どれが選ばれてもかまわない、摂理の導きに従えばよいではないか」と述べて、みずからの見解を公言しようとはしませんでした。それにたいして共和主義者たちは、旧約聖書「サムエル記（上）」第八章——王を選ぶことは神を拒絶することであると神自身がイスラエル人たちを非難している箇所——を根拠に用いて、王政はそれ自体望ましいものではないと主張していました。またラドロウは、王政がわたしたちにとっても望ましくない理由として次のようにも説明しています。「王政がわれわれにとって望ましいものでないことは、王政によってわれわれがこうむった無数の危害と抑圧がそれを証明しております。確かにわれわれの先祖たちはひとりの人物によって統治されることに同意しましたが、それには王が法の導きに従って統治すべきであること、また王は法をつねに守ることを約束するという条件がつけられていたのです。しかし国王がこの誓約を破ったために、国王による保護と国王への忠誠という互恵的な関係は解消されました。となれば、内戦で流された血の責任を国王に問うことは、民衆を代表する者たちに課せられた義務であると思われます。……そして民衆の同意にもとづき、万人に権利と自由を与える平等なる共和政の確立を目指して進むことこそ、民衆を代表する者たちの果たすべき責務なのです」。しかしこのような共和主義者たちの入念に吟味された主張に軍幹部らがやすやすと譲歩したとは思えません。最後にラドロウは、「クロムウェルはクッションを私の頭へ投げつけて階段をかけ下りて行ってしまいました。私もとっさに別のクッションを投げ返しましたので、クロムウェルはもっと早くかけ下りることになりました」と述べています。

一方、クロムウェルは、長老派ともあまりうまくいっていませんでした。そのためかれは、長老派の指導者たちと独立派との協議を計画し、その後ロンドン市で長老派に向けて演説もしています。当時のある長老派著述家は、「ロンドン市はわれわれの人類最初の両親よりも賢く、蛇の狡猾さを退けた」と述べています。実際、長老派は、その成功に熱狂してそれにおぼれ、さまざまな出来事から学ぼうとしませんでした。一六四八年の夏、クロムウェルとアイアトン指揮下の議会軍が国王派の反乱を粉砕し、イングランドに侵入してきた（もはやレズリーによって率いられていない）スコットランド軍を追い散らしているあいだに[★1]、ホリスは軍人議員たちの不在に乗じて議会に復帰し、再度長老派の多数派形成に成功しました。かれの指導のもとで、またロンドン市からの圧力により、もっぱら長老派の益になる問題について、国王との交渉が再開されました。この交渉は、時間かせぎのためだけとみなされましたが、ホリス側が国王側へ譲歩する結果となり、この交渉内容は、最終的には一二月初旬に、二四四名が出席した議会において、国王との合意に向けての十分な根拠となるものとして議決されました。このことによって軍と議会両勢力とのあいだに決定的な分裂が生じてしまいました。他のだれよりもこの分裂を恐れていたヴェインは、できうるかぎりこの議決に抵抗しました。一方マーティンは、すぐにクロムウェルの北方からの帰還を求めており、クロムウェルも議決の数日前に、「違反者たちにたいして公正なる審判をもたらすべしという強い熱意が私の士官たちのあいだにみられる」と発言しています。兵士たちも同じ熱意をもって、議決前にロンドン郊外に集結していましたが、議決がなされた翌日には、プライド大佐が、「国王支持の」長老派議員を議会から追放しました。[★2] そしてそれから二日もたたないうちにクロムウェルがマーティンと手をたずさえて現われ、軍主導の共和政が事実上成立したのです。

ここで国王の裁判と処刑の物語を繰り返す必要はないでしょう。裁判官たちはみな威厳に満ち、神とこの世の人びとをまえにして、自分たちこそ慣習がはびこる偽りの神性を打ち砕く聖別された者だと自負し、そうしてこそ真の神が現われるのだと確信していました。国王チャールズは場違いの侮辱的で感情的な言葉をいくつか発したあとで、ついには、

かの忘れえぬ断頭台の上で

卑しい粗野な言動はなかった。
ただ、より鋭きまなざしを向けて、
　斧《おの》の切れ味を調べしのみ。
力を失ったおのが権利を弁明せんとして
卑俗な悪意をこめて神々を呼ぶこともしなかった。
　寝床に横たわるごとくに、ただ
　端正な頭《こうべ》を垂れしのみ。★3

とマーヴェルは述べています。

新政府は突然の成功に活気づき、神への畏敬の念を抱き、そこにこそ新政府の力が存することを意識して、「きびきびとその務めをこなしておりました」。ところで、当時の状況を考えますと、流血の惨事がそこでみられなかったことは不思議なことと言わざるをえません。政府は、永続的に安定するという保証がまったくないこの時期にも、圧倒的な力がみずからの掌中にある——そのことは一般的には革命のさいに致命的になることが多いのですが——と感じていました。しかし、この政府が示したきびしい処罰は、第二次内戦において目立った働きをした国王側の一五名の貴族の追放と財産没収、その他数名の監禁、さらにはハミルトン、ホランド、カペル、ポイヤー大佐の処刑に限られていました。このなかでカペルだけは背信罪の咎《とが》はなかったので、当然に死刑は免れるものと考えられていました。しかしクロムウェルがいつも明言していたように、カペルはきわめて高潔な品性のゆえに、生かしておいては共和国のためにならない人物でした。

粛清された庶民院は、そうこうしているうちに主権を確立していきます。国王に譲歩の意向でもあれば、それは合意の出発点ともなりうるとする考えもあったのですが、その類《たぐい》の議決などすべきでないと主張した約一五〇名の者たちだけが、議員として迎えられました。国王の死の二日後に貴族院は庶民院にたいして、国家の情勢について協議するためにお招きしたいという謙虚な文書を送りました。庶民院はこの文書を無視し、貴族院は再度文書を送るということが数回続いたあとで、二月六日になって庶民院は、貴族院は「無用であり、危険であり、廃止されるべきである」との議決によって応答しました。その翌日に正式な議決によって「王制」が廃止されました。それからまもなくして、毎年庶民院によって任命される四〇名からなる国務会議に行政権が委託されました。これらの共和主義的諸制度は主としてマーティンによってととのえられました。かれは嬉々としてこの業務を果たしました。かれの要求により旧来の「国璽《こくじ》」★4は廃止され、イングランドとアイルランドの紋章が一方の側に、もう一方の側には「庶民院の図柄が刻印されている」新しい印章が作られました。一二名のうち六名の裁判官がこのあたらしい印章と「議会と国民にたいして」宣誓をしてそれに同意し任務につくことになりました。新しい通貨が発行され、片面には十字架と竪琴と「神はわれらとともに」という標語が、もう一方の面には月桂樹とヤシにはさまれたイングランド紋章と「イングランド共和国」の銘が彫られました。同時に国王の像はすべてはずされ、残った台座には、日付とともに「国王たちのうちの最後の暴君は去りし」と刻まれました。これらすべてはヘンリ・マーティン氏の考案でした。より重要な仕事は、新政府への「忠誠誓約《エンゲイジメント》」★5の発布でした。これは、最初、ひどく古めかしいかたちで公布されましたが、最終的には「国王と貴族院議員なしで設立された共和国」へ忠誠を尽くすことを約束するということでまとまりました。そしてこの忠誠誓約をおこなうことなしには、いかなる人も法廷で他の人を告訴することができませんでした。「このことは法廷から人びとの足を遠のかせることになり、そのため弁護士の仕事が減ったかもしれません」とバクスターは述べています。

　チャールズを死罪に追いやるほどの大罪はあったのか、という問題にかんしては、論壇でも、そこまではせずともよかったのではないか、という議論が出始めました。しかし、かれの死は共和国確立のための必要条件でした。さらに、共和国の確立は、内戦にかかわった諸勢力の抗争あるいはより本質的には理念の衝突の必然的な結果であったのです。たしかに一見したところ、チャールズの処刑はたんなる偶然の結果であるように見えるかもしれません。あるいは、クロムウェルの個人的な行動と性格、かれの軍事的才能とかれが集めた軍の性質、「議員官職辞退条例」によって生じた、議会の軍にたいする敵意、長老派と独立派を争わせれば両派を粉砕できるというチャールズのあさはかな自信、自己防衛のためにチャールズの処刑を命じたクロムウェルの決意などの、いずれかの理由による結果であると思われるかもしれません。しかし、そうした個人的な諸関係の錯綜した網目の下に、以前に述べましたように、キリスト教世界《クリステンダム》の精神にもとづいた宗教改革運動の結果として、宗教思想の衝突が見いだされるのです。一方には、高位聖職者尊重主義教会の神定論がありました。これは、信心深い者たちを儀式や秘儀を通して引きつけたのみでなく、同時に国王の利益を強化し正当化するために利用されました。他方、それに対立するものとして、長老主義教会規律の神定論があります。それは、聖職者の権威ではなく、会衆の良心にもとづくものとされ、前者と同様、後者も肉体と魂にとって絶対的なものとされました。これらの対立は、個々の教派の神定論をも導き出しましたが、それは以前のキリスト教世界では主張されなかった権威でした。そしてこの新しい権威は、闘争のなかで古くからの諸権威が揺らいでいくにつれて、力あるものとなりました。そしてこの権威は、戦勝の歓喜のなかでみずからの力を感じ取り、以前には欠けていた形式と体系が一人の名手によって整えられていきました。ところが、旧体制は、その新勢力を規制し同化するには弱すぎたにもかかわらず、新勢力がいまだ軍事力を勝ち誇っているときに、それを無思慮にも粉砕しようと試み、この試みのなかで旧体制自体が崩壊していきました。しかし、この個々の教派のもつ力は、革命闘争においては勝利しましたが、統治能力はもちあわせていませんでした。それは肉体をもたない霊であり、周囲の世界にたいして永続的に働きかける手段をもたない力だったのです。こんにちでさえ、この力は、国教会の慣行と利害を支配できずに、それらを通して機能しています。ましてや、この力がまだたんに一時の衝動や興奮の段階にあり、その思想を発展させ冷静な理解力をともなう段階に至ってはいなかったときには、なおさらのことそのような統治能力には欠けていたのです。

　この新勢力が、軍主導の共和国としての組織形態をとって最初にこの世に出現したとき、それは確実に失敗することになるであろう現実的な矛盾をすでに露呈していました。共和国は自由への希求の所産であると主張され、その主張には偽りはありませんでした。しかし共和政府の周りにはしぶしぶ黙従する者しか見いだせない現状がありました。共和政府は民衆の名において語りましたが、フェアファクス夫人が述べているように、それは民衆の半分しか代表していませんでした。また共和政府は議会の権限を尊重すると主張していましたが、議会からは長老派が「追放されて」、ほぼ完全に一掃されていましたので、議会は共和政を受け入れる場となってしまいました。共和国は、「市民的《シビル》」精神をもつ者たちによって導かれ、市民の権利は維持されるとしていましたが、実は、聖徒たちの特権のみを優先させる熱狂的な兵士たちの支持を基盤としていましたので、共和国は少数者の意見にもとづいて運営されていたのです。そしてかれらは、アテネの民会においてもそうでしたように、議会のうちとその周辺および軍会議での討論によって、突然実力をつけ成長をとげてきましたので、かれらは国民の心情も国民の明確な利害もまったく把握していない者たちでした。内戦を通じてずっとロンドンを守る衛立てとしての役割を果たしてきた諸州のうち、バッキンガムシャやバークシャとともに、東部連合を形成した州においては、共和国は真の支持をかなり得ていたようです。ここでは、クロムウェルとそのごく親しい仲間たちの影響が、とくにバークシャではマーティンの影響が強力でした。そしてセクトの説教者たちの広範囲な活動を通して、共和政を求める心情がロンドンから発せられ、その心情が早急に広まるのが感じ取られました。しかしロンドンでさえ、新政府は共和政として支持されていたというよりもむしろ、宗教改革の推進力および繊細な良心の守護者として支持されていたのです。そして、共和政府の周辺でも、共和国にたいする違和感が見いだされ、それは共和政に反対であるというだけにとどまらず、むしろ共和政がうまく機能しないことを内心ひそかに望んでいるようなところもありました。一六四八年の春、クロムウェルが第二次内戦を開始するまえ、すなわち国じゅうでいまにも反乱が勃発しようとしていたとき、議会はその目前で起こっていたある動きにとくに困惑していました。それにつきましては、ホワイトロックがくわしく説明しているところです。[☆1]それによりますと、サリー地方からの嘆願書が、数百人の嘆願者たち自身の手によって提出されましたが、それは、国王が「その輝かしい先祖たちと同様に、ただちにその玉座につくべきである」というものでした。しかしこの嘆願書はその日の午後まで庶民院には提出されませんでした。「これが提出されたとき、ほとんど酔いつぶれていた数人の州民たちが、国王支持派《マリグナント》にあおり立てられて、衛兵たちと口論となり、『なぜあいつらは、ごろつきどもの一団を護衛するために立っているのだ』と言いがかりをつけはじめました。それから双方から放たれた言葉はしだいにはげしさを増し、州民たちが衛兵たちに飛びかかり武器を奪い、そのうちの一人を殺しました」。その後、州民たちを上回る多数の兵士たちが集められ、州民たちを追い散らしました。ほぼ同時にロンドン市中で「きわめて危険な反乱」が起こりましたが、これはムーアフィールドで、議会の布告に違反した「日曜日におけるスポーツと飲酒」をめぐって生じたもので[☆2]、この反乱は一日じゅうロンドン市中のいたるところで吹き荒れたようでした。暴徒たちはロンドン市長邸を占拠し、そこから「ドレーク砲[★6]」をもちだし、それを用いて「リーデンホールの弾薬庫を占拠」し、「水辺で太鼓をたたきながら、神のためにそしてチャールズ国王のために集まるように、水兵たちに呼びかけました」が、翌日議会側の二個連隊によってその暴動は鎮圧されました。この間《かん》ずっとケント地方でも広範囲にわたる無法な暴動が起こりました。この暴動は、議会がそれぞれの町から二人ずつを絞首刑に処するつもりでいるという噂を流した国王支持派によって、引き起こされたものでした。

議会のおひざもとのロンドンでさえ、そのようなできごとが起こりえたのであれば、無知で狼狽しやすく、日曜以外にも飲酒と娯楽《ゲーム》の嗜好があり、「神とチャールズ国王」の利益のために活動する国王支持派がいて、しかも共和政府の本部からの声がとどかない地域では、民衆の状況がどのようなものであったのかは、容易に想像できるでしょう。民衆とは、誇り高き共和主義者たちにいわせれば、「きまぐれで、非理性的で、偶像崇拝の徒」でしかないのです。国王がニューカスルからホームビィ・ホールへ移送されるときには民衆は禍《わざわい》あれとばかりに道に群がりました。ところが処刑後、その国王の祈りの姿をかかげた『国王の像』《エイコン・バシリケ》★7なる書物が出版されると、一年のあいだに五〇版を重ねるありさまでした。かれらは、よく知られた名にたいしては畏敬の念をいだくかと思えば、慣習と常識に反するとされる動きにたいしては、たとえそれが美徳であってさえも怒りをあらわにするという二つの感情のあることを共和主義者たちは顧慮すべきでした。共和主義者たちの長所でもあり同時に短所でもあった点は、あらゆる機会にこれらの民衆のもつ感情をいらだたせてしまったことでした。

かれらのまえには栄光に満ちた世界が輝く、
きらめく旗章のようにいきいきと
突然、音楽にあわせて掲げられし☆3★8

共和主義者たちは、人びとの意識と慣習にあわせて時間をかけてかれらの目的を成し遂げるということができませんでした。かれらは、神が自分たちを通して「古い王国を新しい鋳型へと鋳造している★9」と信じていました。そして理性の勝利を体現しているという自尊心から、凡俗な感情や利害を踏みにじることに歓喜し、そのことによって理性が働くに違いない——もしも理性が働くことがあるとすれば——と考えていました。共和国の気高い精神の真の主唱者であったミルトンは、さまざまな著作のなかで、一方では、現在のイングランドにおいてと同様に当時にあっても、高位の者たちや見かけだおしの人たちを、完全に軽蔑していました。（このことからミルトンは、わたしの知っている急進的な雄弁家のなかでも、最適な研究対象となります。）他方では、ミルトンは、民衆が快楽を求める堕落状態にあること、それゆえに民衆が理性にもとづいて作られた政府からかけ離れていることを認識していたことがわかります。後者の点にかんしては、ミルトンは内戦の初期には、「眠りから覚めた勇者のように、気高く強力な国民が立ち上がるのを心に感じた」★10と表現していたのにたいして、のちの『偶像破壊者《エイコノクラティス》』★11では、民衆は「快楽に溺れ劣悪な精神をもち、先祖たちがもっていた高貴さから堕落し、ブリテン島のどの国王よりもひどい暴政を実行したあの男の偶像と追憶のまえに進んでひれ伏しそれに崇拝を捧げている。イングランド古来の不屈の精神と自由への愛をもつ者はほとんど見当たらない」と嘆いており、民衆にたいしての見方には顕著な変化が見られます。ミルトンにとっては、ピューリタンの戦いは、徹頭徹尾、霊と肉とのあいだの長い苦しい闘いの重大な局面であり、言い換えれば、「肉のおこなう表面的・慣習的なうわべの奉仕」から霊を解放する努力にほかならず、それの目指す成果は、政治的な禁欲主義の体系化でした。これらの支持者たちにとっては、その体系とは共和政《コモンウェルス》でした。それを実践させるためには、多数者の感情をしだいに変えるというのではなく、少数者の理性によって多数者の感情を一挙に抑えるべきであると考えました。その主張には、つねに欺瞞性がひそんでいます。と言いますのは、かれらの主張する共和政は、民衆の権利さらには自然権に訴え続けはしても、政治的な再構築の具体的な力など考えてもいなかったからです。それはいわば民衆ぬきのデモクラシーであり、そのような民衆ぬきの政体に理性の働きなど期待できるはずもありませんでした。

　当時の国家の重大な関心事は、土地所有者、商人、聖職者の利害におかれていましたので、共和政府はその出発時から、これらそれぞれの階層に敵意を抱かれることを予想できました。共和政府は、土地所有者の利害にたいしては、その友好関係を保つためにはあまりにもきびしく対応しすぎましたし、他方それを押しつぶすには甘すぎる対応をしていました。もし共和政府が、他の革命政府がしたように、またそれ自体がアイルランドでおこなったように、徹底的な土地没収をおこなっていたならば、兵士たちをその没収した土地に住まわせることができたでしょう。そうすれば共和政府の永続的な利権を国土全体にわたって確立でき、兵士たちの突出した維持費を抑えることができたことでしょう。しかし実際には、土地没収は特殊な場合にのみ限られ、議会幹部数名の功労にたいして、公的目的のために費やされた資産にたいする返礼として土地が与えられたにすぎません。国王のために武器をとったジェントリたち、すなわち「義務不履行者《デリンクェンツ》」と呼ばれた者たちは、所得の一部を示談金として支払うことによって、自分たちの土地を保有することが許されました。こうしてジェントリたちは、以前からのかれらの勢力を保つことができ、内心憤りを覚えつつ、かれら本来の王政主義を強めていきました。また共和国の財政基盤においても、問題が一挙に解決されたわけではありませんでした。没収した土地の示談金が共和政府の主な収入源でしたが、オランダとの戦争などにより共和国の資金が不足すると、それまでは免れていた「義務不履行者」の範囲も拡大されました。このようにして不満は広がっていったのです。そしてペンブルックのポイヤー大佐のような敗北したジェントリは、「朝には謹厳で悔い改めた様子を見せていた」としても、「午後には酔っぱらっては陰謀をたくらんで」いたのです。競馬場や闘鶏場でのかれらの集まりは、政府にたいする不満の苗床と考えられました。しかし酒席で誓い合った秘密などはすぐにばれるものであり、いくら陰謀をたくらんだところで、それが危険の苗床になることなどなかったと言えましょう。

国王派の大地主は、闘鶏場にいないときには、国教会から追放された、これこそ自分の牧師であると信じる国王派の聖職者のところへと出入りしては、国王にたいする忠誠をかき立てられていました。先に見てきましたように、「厳粛な契約と同盟」が課されたことによって、多くの聖職者が追放され禄を失いました。しかし教会禄の年収の五分の一は、追放された聖職者たちの家族のためにとりおかれました（聖バーソロミュー祭の追放のさいには、踏襲されませんでしたが）。追放された聖職者たち自身は、旧来の教区から追いだされ、その多くは国王派のジェントリのもとに避難しました。共和国のもとでは、少なくともイングランドでは、寛容《トレレーション》の原則が守られ、共和政を認める主教派の聖職者でさえも禄を与えられ、自分の教会で「共通祈禱書」を用いることもとがめられませんでした。また旧議会の議員のうちこのときもウェストミンスターの議員であった残部《ランプ》議員数名は、聖職者の任職や教会禄を申し込む者を審査する役目についていました。しかしかれらには、審査する力もありませんでしたし、いちように審査したという形跡もありません。多くの穏健な主教派に属する者たち、すなわち当時の用語ではコンプレスビテリアリスト派[★12]と呼ばれた者たちは、高位聖職制主教制のもとでの主教派とは異なったものとして、新政府のもとで教会禄を保持していたことが、バクスターの伝記のいくつかの箇所から推測できます。さらには国のいたるところに閉めだされた多くの「高位聖職者たち」がいたことも疑いありません。かれらは元来共和国に敵対していましたが、かといって長老派の牧師たちの味方であったわけでもありません。セクトでなかったものは、エラストス主義者でした。かれらは共和国の存在そのものを契約違反だとみなしており、たとえ王権の廃止はがまんできても、地区長老会《プレスビテリ》に強制力のある管轄権を与えることを廃止し、良心にかかわる事柄についての刑事法はすべて除去するという共和政府の布告は認めることができませんでした。かれらは、以前からなされていたような説教壇でこの布告を読み上げることを拒否し、明らかにそれに敵対するような祈りをして、毎月おこなう断食を、不満を表明する共通の場としました。共和国議会の側は、すべての牧師は共和国にたいして忠誠を尽くす誓約をするようにとのきびしい命令を発しました。そして毎月おこなう断食が、「争いと論争のための断食」となっていることに気づいて、この断食を廃止し、代わりに特別な機会におこなわれる新しい断食の日を制定しました。しかし、牧師たちは、「地獄へ堕ちるような誓約を非難し」、新しい断食の日には教会を閉鎖してしまいました。全体的にいえば、セクト主義者と「良心の問題についてとやかくいわない」旧来の国王派のみが共和国への忠誠を受け入れた、とバクスターは述べています。バクスター自身は忠誠を拒否しただけでなく、それにかんして論じた書簡を兵士たち、ミルトンの表現によれば「戒めや警告を叫び続けている」者たちのあいだに回付しました。それでもバクスターはとがめられなかったようですし、また大学★[13]以外では、忠誠を拒否したかどで罰せられたということをわたしたちは聞いていません。長老派牧師が説教する説教壇が地方での民衆の世論を形成するもっとも強力な梃子《てこ》となることを議会は知っていましたから、議会は長老派牧師にたいして寛大な態度をとってがまんしていました。議会は、布告を出して、牧師たちの教会禄を保証することを約束し、また教義・礼拝・教会規律について改革のために制定された法令は、刑法的なものは除き、すべて維持することを約束しました。最後に議会は、国政にかんすることは説教のなかで述べてはならないという決議をし、これを無視した者の情報を集める委員会を設立しました。しかし、教会禄を受けていた牧師たちは、当時チャールズ二世を支持して戦いの準備をしていたスコットランド教会からの書簡によって元気づけられ、「説教壇から批判の火を噴《ふ》く」ことをやめず、ダンバーのチャールズ支持の同士たちが敗走したためかれらの舌鋒《ぜっぽう》の危険性が減じたとはいえ、それがゆるむことはなかったと、温厚なハチンソン夫人は述べています。

　これらのことの理由はあきらかです。いかなる霊的衝動も、明確でわかりやすい広やかな思考がともなわなければ、その霊的衝動を実現することだけに、やっきになってしまうものです。

それは人間生活のなかで見られる必然的な結果なのです。内戦初期には、長老主義は崇高な目的に取り組んでいましたが、かれらはその崇高さに気づいていませんでした。そしてみずからが成功するや、権益を守ることにのみ集中し、もともと明確でない理念が明確さそのものはましてきても、浅はかなものと化してしまったのです。そして長老主義自体の起源であった、あの霊的な力を弾圧しはじめたのです。他方、真の共和主義者たちは、いまだ「組織だっていない思考」段階にありました。かれらは以下のような原則を公表しました。すなわち、実際上は長老派の聖職者は共和国によって支えられ十分に俸給を受けるべきであるが、あらゆる者たちにたいしての寛容も維持しなければならない、また十分の一税はユダヤ教的であり適切ではないということが宣言されました。バクスターが認めざるをえなかったように、実行する面ではすぐれていると聖職者たちも納得を示しましたが、原理的な面がかれらを怒らせたのでした。

　長老主義を許容する国王派聖職者たちにたいして、ロンドンの共和主義者たちが抱いていた実際の感情を、ミルトンは『国王と為政者の在任権』においてきわめてよく描写しています。この文書はミルトンが共和国の指導者たちとひんぱんに連絡を取っていた、まさにその危機の時期に書かれたものです。「われわれの見るところでは、聖職者たちは、戦場で大砲を撃つ手腕を発揮する者たちとくらべて遜色のないほどに、熟練した姿勢と動作を示している。かれらはときには猛烈に前進するかと思うとすぐに逆方向へ後進し、立ち向かうかと思うとすぐに退却する。もしも必要とあれば、まわりを見渡し、全体的に向きを変え、ほとんど気づかれないほどの狡猾さと抜け目なさで、巧妙により有利な地点へと移動する。摂理のみがかれらの進軍の合図となる太鼓であり、摂理のみが天がかれらを召し集めた命令の言葉であるはずなのに、つねにより多くの教会禄をもらえる方へと進んでいく。……クラシスや「教会」管区の有力者にしてもらえるという希望に導かれているあいだは、また教会禄兼領がかれらを肥え太らせているあいだは、あらゆるセクトや異端者以上に、宗教にまつわる恥や醜聞にたいして、かれらは非難の声を上げていた。そのときは、国王自身と戦うこと、またもちろん貴族院や庶民院の国王派議員たちと戦うこと、さらには両院に圧力をかけることは、よいことであり合法的なことであり、上位の権力にたいする抵抗とはかれらは考えてはいなかった。かれらは、善良な人びとに味方し悪人を罰する権力だけには、抵抗してはならないとかつては考えていた。しかしいまや検閲官のような聖職者たちの横柄な態度は多くの人びとから忌み嫌われ、真理と良心が解放され、適切な手段が設けられて十分の一税と教会禄兼領がなくなり、かれらが喜んで受け取っていた多額の贈与という甘い経験もなくなり、弾劾された議員たちは追放され土地財産が没収された。犯罪者は責務を免除されることなくコモン・ローにより殺人のかどで公正な法廷へ出頭することになった。これは、コラ、ダタン、アビラムと同様である。★14 最近まで説教壇に立っていた者が呪われた暴君、神と聖徒たちの敵、無実の人びとの血をあびた敵となった。それがなんの悔い改めもせずに、合法的な為政者、主権を握る統治者、投獄されたことはあっても、神に『触れられた』ことはない身でありながら、『主に油そそがれた者』になるとは！☆4★15」ここでミルトンが批判しているのは、教会禄を受けていた聖職者たちのうちでも、もっとも活動的で優勢な党派の者たちでした[★16]。また他方の党派である穏健な主教派の者たちは、この期間中ずっと密かに議会にたいして敵意を抱いていました。このことを考えますと、この時代を支配していた思想が、国民感情から離れてしまっていたことに気づくでしょう。国民感情に働きかけることを政府が期待できた仲介者は、教会禄を受けていない独立派とセクト主義者だけでした。しかし独立共和派は大都市において「権益」をもちはじめていましたので、それほど協力的ではなく、他方セクト主義者は、いつなんどきかれらが制御できないものになるかわからないという危険がありました。

　共和政府にたいして、聖職者たちはあからさまに敵意を示し、ほとんどのジェントリも、恐怖の入り混じった憎悪の念をいだいていたため、政府は商人層に対抗できるような影響力をもちあわせてはいませんでした。一方、商人層も政府によるさまざまな試みには決して好感をもたず、かれらの政治的傾向はおもに長老派牧師寄りのものでした。かれらはロンドン市でも、前述したように、一六四八年の危機における国王派の反乱にたいして大きな力を発揮しました。さらに、武装した共和政府は、財政的必要から倫理的および精神的な革新をつぎつぎにおこないました。それまで、軍隊は民家への無料宿泊制度によって、食料を供給されていました。軍指導者たちは、この制度が民衆の不満の原因であり、軍のみごとな規律によってかろうじてその不満が抑えられていることに気づいていました。軍会議の発行した公文書によりますと、この制度を廃止することが継続的な議題のひとつとなっていました。しかしそれを廃止することは重税を新しく導入することを意味していました。残部議会は、すばやく一か月に九万ポンド（つまり一年間で一〇〇万ポンド以上）の課税を決議しました。そして、そのような負担が永続的な不満の種になることは避けられないことでしたが、新政府が権力を制限して統治しはじめたことが印象深く誇示され、目下新政府に代わるものがあるとすれば、それは新政府よりもひどい平等派[★17]の統治であると考えられ、それを嫌うロンドン市はさしあたり秩序を保っていました。そのために、たとえばクロムウェルとヴェインは、税を確保して収入を増やし、市長と市の有力者たちを課税委員会の委員に就けています。また一六四九年五月に起こった平等派による反乱を、クロムウェルが敏速に鎮圧したことは、一時的ではあれ商業的目的があったものと思われます。その数日後にロンドン市は、議会と軍の士官たちのために盛大な祝賀会を開きました。その祝賀会については、ホワイトロックが注目すべき描写をしています。そこには、少なくともある点では、ピューリタン特有のまじめさと、わたしたちの時代よりもすぐれた分別が存していたことが示されています。「祝賀会はきわめて盛大であったが、音楽は太鼓とトランペットだけで、酔っ払いも不作法者もいなかった」、と記されています。外国の船舶は、その船の所属する国の食料品や製品以外の商品をイングランドへ輸入する中継貿易を禁ずるという条例が、祝賀会の直後に議会を通過し、イングランドはこの条例によって、重商主義による利益をさらに増大させることになりました（この法律の制定によって、世界の運送業の中心が、オランダからイングランドへとしだいに移行することになったのです）。共和政府が真に頼りとしていた霊的高揚の試みと、牧師と日曜日の礼拝に霊的高揚をゆだねて満足している市民の気分とのあいだに横たわる溝は、いくら秩序正しく活気あふれる政府であってもそれを埋めるにはあまりにも大きなものでした。さらにこのような政府の状態では、クロムウェルは政府に敵対する者たちとは、ある一定の距離を保たなければなりませんでした。

　政府を取り巻くこのような危険な要素に加えて、共和政府内部の人びと自体も、決して一致団結していたわけではありませんでした。前述したように、生粋の共和主義者、「議会の幹部」、軍の指導者たちという三つのグループのあいだには、真の意味での「愛」の連携はなく、一時的に手を結んでいるというものでした。「議会の幹部」はほとんど例外なく、チャールズの死刑判決文には署名していません。かれらは、一方では軍との不和を避けるため、もう一方では長老派の台頭と国王派の歯止めのきかない反乱を恐れたために、あたらしい共和体制の秩序を認めていました。議会がその保護下においていた前王の一番下の王子グロスター公爵を奉じて、君主制を復権しようというもくろみに、かれらは期待していました。少なくともホワイトロックがそうであり、かれはこのもくろみの代表的な人物でした。（四〇名からなる）新しい国務会議は、貴族七名かあるいはその長男、準男爵五名、騎士爵四名、親共和国の弁護士数名をふくみ、このグループが国務会議の大半を占めていました。一方、強硬な共和主義者はまぎれもなく少数派でした。国王弑逆者《しいぎゃくしゃ》はわずか一〇名であり、そのうち、クロムウェル自身とクロムウェルから請われて加わった一、二名の士官はもともと共和主義者ではなかったので、一〇名から差し引かなければなりません。共和主義者の代表的な者たちは、マーティン、ブラドショー、ラドロウ、スコットでした。ブラドショーはミルトンの親友で、国王裁判のさいに裁判長を務め、ミルトンによりますと、鉄製の針金でかたどった山高帽をかぶり、落ち着いた物腰で、諸王の裁判に携わることがゆるされた人物でした。のちに国務会議の議長となりましたが、このことを弁護士であるホワイトロックは、対抗意識とおそらく嫉妬心からか、ブラドショーはながながと話をするがだれも聞きたいとは思っていない、かれは議長のあり方がわかっていないなどと声高に非難しています。スコットはニュー・モデル軍の士官でしたが、「独裁」を嫌悪していた者たちのひとりであり、そのときすでにクロムウェルにたいして嫉妬心を抱いていたようでした。のちに、マンクの力が絶大となり、王政復古が避けられない事態となり、共和主義者たちが一目散に逃げてしまったときに、スコットは議会で毅然として立ち上がり、「頭の考えたことは隠しようがありませんが、国王を処刑したのはこの手だけではなく心からしたことであったと言わざるをえません」と述べました。予想された通りに、かれは王政復古によって、大義を貫いて殉教の誉れを受ける道を歩みました。ラドロウも同様の気質をもつ人物で、クロムウェルはラドロウの才能を高く評価していました。追放先のヴヴェーでその後の事のなりゆきに照らしあわせて過去を振り返ったときに、かれ自身はみずから進んで認めようとはしませんでしたが、当時ラドロウはクロムウェルときわめて親しかったようです。マーティンだけには近代フランスの共和主義者に似た特質が見られます。わたしたちは、かれが共和国の驚くべきできごとの実現を熱心に進めてきたことを見てきました。貴族院を「無益にして危険なもの」として廃止すべきであるという提案が議会で議論されたとき、マーティンは、「無益だが危険というほどのものでもない」という文言に代えるべきである、と主張しました。また別の機会では、共和国の公文書を作成中にマーティンが「イングランドは古来の共和国を回復した」と述べたとき、イングランドには共和国が存在したことはないという反対意見がだされました。するとマーティンは、イエスが生まれつきの目の見えない者に両手を当てることで本来もっていた視力が「回復された」という、マーティン自身つねに頭を悩ませていた聖書の個所★18を引用して見せました。このような陽気な性格と、無学であったと評されていたこと以外はあまりわかっていませんが、マーティンは熱心な共和主義者であり、後年死ぬまでの二〇年間投獄されていました。

　ところでこれらの共和主義者たちは、かれらの立場を不安に感じていたに違いないと思われます。長老派議員の居残る議会で、軍への協力を求める動きを示したのは、ほかならぬ共和主義議員たちでした。クロムウェルが一六四七年の春に議会内で、ホリス一党は、「軍がかれらを引きずり出してもしないかぎりは」議会をでていかなかったであろうとラドロウにささやいたことに衝撃を受けたとラドロウは回顧録に記しています。ラドロウ自身の告白によりますと、その二、三か月後にニューポートで国王と交渉がなされていたときに、ラドロウは、アイアトン自身が決心するまえに、アイアトンに軍の力で議会に圧力をかけるように求めたとのことです。マーティンも同様の訴えをクロムウェルにしました。このようにかつては軍に援助を要請しましたが、いまやかれら自身が成功をおさめると、もはやみずから軍に頭を下げようとはしなくなりました。なぜなら、軍の兵士たちの情熱は共和主義者たちのそれとは異なっていたからです。共和主義者たちはあまりにも古代ローマの精神に立ちすぎ、マーティンにいたってはギリシア風にかたよりすぎていて、軍内部でいわれる「キリストの愚かさ[★19]」に共感するものではありませんでした。軍の兵士たちは、余暇には説教することと説教を聴くことがよろこびであり、不思議なできごとを解釈するために聖書のなかからあらたな見解を見つけようとするかれらにとって、共和主義者のなかにはふさわしい指導者はいませんでした。兵士たちは、個人の祈禱のなかで、「一五分間、涙を流しながら神の慈悲を請い、魂の奥底から」祈り、戦いのさいには魂の糧《かて》である聖書を必ず持参し、かれらを勝利へと導いてくださる神を詩篇で讃美するような者を、指導者と仰ぎました。

　クロムウェルを除いては国務会議には、このような軍特有の精神を代表する者はいませんでしたが、軍は首尾一貫して議会を支持していました。しかし軍は、議会が統制できない危険な諸要素をもっており、それはいつでも議会制を転覆させる可能性を秘めたものでした。これらは、ランバートのような軍人特有の尊大さ、リルバーンやワイルドマンのような平等の精神、ハリソンのような「第五王国派」の精神に、要約できるでしょう。クロムウェルの士官たちのなかでは、ランバートが軍人としてもっとも傑出した才能を有していました。局面を左右する重大な一六四八年春には、ランバートは、イングランド北部の司令部で指揮官を務めていました。ランバートはクロムウェルが援助にくるまで、ハミルトンの軍隊に囲まれて持ちこたえるのにすぐれた手腕を発揮し、クロムウェルが加わったのちも先頭に立って敵を追撃しました。そしてダンバーでは、スコットランド軍右派にたいする致命的な攻撃を仕掛け、翌年には、チャールズがウスターに進軍したとき、まえにハミルトンにたいしておこなったように、騎兵隊で国王軍を側面から粘り強く攻撃しました。しかしランバートは軍務から離れるやいなや、厄介者となります。かれは虚栄心が強く、落ち着かず、浪費癖があり、クロムウェルの支配にも議会の権威にも、つねにいらだっていました。指導的な士官たちのなかで、かれだけは議員となることがありませんでしたので、人びとを啓蒙する影響力をもつことはありませんでした。ハチンソン夫人は、クロムウェルとランバートを等しく非難していますが、「前者は勇敢で卓越した人物ですが、後者は賞賛に値しない自尊心をもち、成功したときにはきわめて傲慢で、不遇なときには卑屈で軽蔑すべき人物でした」と、両者の違いを認めています。「平等派《レヴェラーズ》」という語は、当時でも現在でも、きわめて漠然としておりかつ曖昧に用いられています。この点についてよい典拠となるハチンソン夫人の言葉によれば、このあだ名ははじめは「ある種の、公共の精神をもつ人びと」に与えられたものでした。かれらは長老派と独立派の党派争いがもっとも激しかったときに、「両方の党派の幹部の野心にたいして、また身分の低い者がおこなうと罰せられることを幹部はゆるされるという、広くおこなわれていた不公平にたいして非難の声をあげました。幹部の多くの者の負債は議会や軍に保護されましたが、それ以外の者たちは保護されることはありませんでした。貴族院議員たちは、悪徳をおこなっても許されることが貴族に認められた特権であるかのように、多くの特権を要求し、これらの特権によってかれらは、一般の司法の手が及ばないようにしていたのです。善良な人びとは、権力ある人びとと同様に、もっとも貧しい人びとのなかにも等しくいたでしょうに」と述べています。さらにハチンソン夫人は哲学的な言い方で次のように続けています、「ところで、すべての徳には中庸があり極端があるように、その後同じ平等派という名のもとに、財産や身分の平等化を目ざす人びとが立ち上がりましたが、節度ある者たちは、財産や身分へ欲望をいだくという罪を決して犯しはしませんでした」[☆5]。この叙述の趣旨は、平等派が共和政議会に提出したものとしてわたしたちが読むことのできる嘆願書[★20]の趣旨と一致しています。この嘆願書は、一六四八年の政治的動乱期に、軍会議が発布した「提案要綱」をそのまま継続したものでした。この「提案要綱」とはおもにクロムウェルとアイアトンの考えを表現したものであることは疑いえません。かれらの要求は改革を求めるものでした。それはその大部分がほぼ二百年間も遅れて、一八三二年の「パージ議会」[★21]においてやっと実現されはじめました。それとは状況の違いによるわずかばかりの相違はありますが、平等派は次のことを求めていました。第一に、財産・地位・特権による例外のない、すべての人に平等かつ少額の費用で迅速におこなわれる法手続きのための英語で書かれた成文法の制定、第二に、すべての封建領主のための法廷と収入と特権の廃止、第三に、聖職者の十分の一税以外の方法による教会禄の維持（ここで思いだすべきことは、当時十分の一税は軽減されておらず、このため聖職者と農民とのあいだでときには腕力にものを言わせた論争がずっと続いてきた原因となっていたことです）、第四に、独占権・関税・物品税の廃止、および課税の平等、第五に、負債のかどでの投獄の廃止、そのさいすべての土地を負債の対象とし、そして監獄を富裕者を保護する場所にしてはならないこと、第六に、良心の完全な自由が確立されること、そして最後のかれらの要求は、現実的にはむずかしいものでしたが、一定の間隔をおいて新しい議会が召集されることを前提として、現議会を解散すること、などでした。

以上が改革のための十分にしてかつ広範な筋の通った計画であったことに、わたしたちは同意しうるでしょう。そこにはときおり、不思議なことに現代法を予示しているかのような項目もみられます。抵当や土地売買の記録簿を確立することなどがそれです。しかしながら、これらの請願の示す改革を求める合理的な欲求は、つねに軍隊内で起こる抵抗や不満に転化されがちであり、あるいは当時くりかえしなされた慣習――慣習は、字義的にもまた比喩的にも、裸の人間生活を覆い隠す手段でした――にたいする常軌を逸した反乱に転化されがちでした。反抗精神の偉大なる推進者は、ジョン・リルバーンでした。かれはマーティンの有名な冗談の対象にされています。それは、もしジョン・リルバーンが世界にただひとり残されたとしたら、ジョンはリルバーンと論争し、リルバーンはジョンと論争するであろうというものです。リルバーンは長いあいだずっとクロムウェルへ恩義を感じてきました。一六四七年に出版された小冊子においてリルバーンはクロムウェルにたいして、「私が死の危険にあったとき、あなたは私に憐れみをかけてくださいました。そして一六四〇年に、主教や星室庁裁判所[★22]の長期間にわたる暴政から私を解放してくださいました」と述べています（一六四〇年時点ではクロムウェルは、リルバーンに同情を寄せ、そこにはなんの私心もなかったと思われます）。続けてリルバーンは、「私はあなたを、イングランドにおけるもっとも完全かつ誠実な人物であり、自分の利益のために手をよごしたり片寄った行動をとったりしないお方であると思っております」と述べています。しかし、リルバーンのこのようなクロムウェルへの賞賛の言葉は長くは続きませんでした。かれは、もともと敵対関係にあったマンチェスター伯や辞退条例以前の士官たちにかかわる醜聞を暴露し、辞退条例が、クロムウェルにとって有利なものであったことを示しました。このことによってリルバーンには多くの敵ができましたが、そのうちの氏名不詳のある人物から、名誉毀損を受けたとして告訴されました。この裁判でリルバーンは敗訴し、多額の賠償金を支払うよう命じられました。かれは議会に上訴しましたが、議会はかれの訴えを無視し、そのことがリルバーンの議会にたいする長期間にわたる一連の憤激の端緒となったのです。憤激は激しさの度を深めていき、かれの弁明は純粋に政治的行為を目的としているのだということを認めなかった人士を、敵意の対象としていったのです。クロムウェルとマーティンはリルバーンを助けるためにできるかぎりのことを実際におこなったようですが、リルバーンは助けを待てませんでした。リルバーンの件を審議するためにときどき議会の委員会が召集されましたが、なにかがおこなわれとなると、必ずそのまえに議会とその幹部を攻撃するリルバーンの小冊子が出されました。これらの小冊子は、リルバーンがロンドン塔に監禁されてもおかしくないほどに激烈なものでした。「ヨナの嘆き」、「抑圧された者の抑圧」、「義《ただ》しき者の義認」、「ペテン師の発見」は、かれが出した小冊子の一部です。軍の集結地点であるウェアで、軍事的な高揚が最高潮に達したとき発刊されたものはすべてがきわめて辛辣な調子で書かれています。クロムウェルは、「議会の幹部」や世渡りにたけた士官たちと袂を分かとうとはしなかったので、リルバーンの目には、クロムウェルはおのれに課された高き使命を売って、この世の栄華を手にした人物と映りました。リルバーンが関係したとみなされた陰謀は、共和国成立後の最初の月に出された「五匹のビーグル犬による、トリプロー・ヒースからホワイトホールにいたる狐狩り」という題名の小冊子のなかに記されています。「ビーグル犬」の首謀者はリルバーンとされています。このことは軍のなかで討論の自由が許されていることをはっきりと示す例となっています。そしてこのような討論の自由が、軍に特有の情熱が生まれる条件となったのです。この小冊子やかれの手になる「イングランドにおける新たな鎖の発見」などの類似の扇動的な声明文は、軍のなかでなんら制限されることなく回覧されていたようです。そしてこれは暴動の温床となるパン種が膨らみつつあった時期のことでした。一六四九年春にロンドン、バンベリ、ソールズベリという三つの異なった場所で、「五匹のビーグル犬」たちが幸いにも塔に閉じ込められて頑丈に鍵をかけられていたときに、軍が公然たる反乱を起こしました。この反乱は指導者が欠けていたことと、クロムウェルが迅速に動いたために、流血にいたることなく鎮められ、捕えられた反逆者は二〇〇〇人ほどになりましたが、そのうちわずか五名だけが銃殺されました。これはおそらく軍事史のなかでも例のないことですが、ロンドンで銃殺されたひとりは、軍葬の礼を受けて墓場まで運ばれ、ロンドン市の回りに宿営していた兵士たちは帽子に「平等化《レヴェリング》」バッジ★23をつけて行進しました。この事実がたいへん珍しいのは、この軍自体が独特のもの、すなわち、この軍が、傭兵からなる戦いの道具ではなく、また愛国的な衝動の一団でさえなく、理念をもった武装組織であったからです。

　この反乱の勃発と同時に、平等派はその精神とは別の方向へと歩み出しました、すなわち、その見解は穏健になりましたが、意見をもつ政治体としての基盤は弱体化しました。ホワイトロック☆6は次のように述べています。「一六四九年の四月に国務会議は、サリー州のコバム近くにあるセント・マーガレッツ・ヒルおよびセント・ジョージズ・ヒルにおいて、新しい集団である平等化を目指す人びとが、土を耕し根菜類や豆類を植えていたこと、またかつては軍にいたエヴァラードという人物がかれらの指導者であることを突き止めました」。そしてその数日後に、エヴァラードが軍司令官のまえに引きだされましたが、かれは「自分がユダヤ人であること、征服王ウィリアムの侵略によって人びとのあらゆる自由が失われたこと、またそれ以来ずっと神の民は、われわれの父祖たちがエジプト人たちのもとで苦しんでいたときよりもさらにひどい暴政と抑圧のもとで暮らしてきたこと、しかしいまや解放のときが近づいていること、……そして最近かれのまえに幻影が現われ、それがかれに、立ち上がれ、土地を掘ってそこからあがる収穫を享受せよ、と命じたこと、かれらの意図は創造された世界を以前の秩序にもどすことであったこと、……かれらには他人の土地を勝手に使うつもりはなく……共有の未耕作地のみを耕していること、すべての人びとが喜んでこれに参加し、自分の土地を放棄してこの共同体に提供するときが突然やってくること、金銭はまったく必要なくなり、衣服は裸を隠すためだけに必要であること、……かれらの父祖たちが幕屋のなかに住んでいたような同じ仕方で住めば快適な生活が送れること」などを述べています。続けてホワイトロックは次のように付け加えています。「この見解はまだ出始めたばかりのことだったので、われわれはこれらの無力なセクトをよりよく理解するとともにそれらを無視しないように、とくに注意するように書き留めておきたい」。この「セクト」は「無力」かもしれませんが、古来の教会や君主制を崩壊させるほどの強力な霊的な能力をもち個人的な権利を主張する自覚を表明した人びとでした。またこうした自覚にもとづく活動は、何世紀にもわたる利己的な行為によって妨害されてきたように見えましたが、この自覚はいまやそのような妨害を取り払いつつありました。これは熱狂的なセクトであり、かれらはすでに宗教儀式から離れ、同様に世俗からも離れることを強く求めました。かれらは極度に簡素な服装で身をまとい、クエイカーの仕方にならった厳格な思考をもつかれらの運動は、この世のまことしやかに見えるものにたいしてはなんであれつねに反抗し、それは、イングランド人の生活に因習にとらわれないよきものを与え続ける源泉となりました。カバム・ヒースにおいて、ディガーズ★24は協力して原始的な農業の仕方で土地を耕し、きわめて平和的に暮らしていました。「かれらは武器で身を守ろうとすることなく、権威には服従し、★25約束された時がくるまで待とうとしておりました。かれらはその時が近づいていると考えていたのです」。しかしながら、いくらかれらが市民政府を支持しようとしても、かれらの存在そのものが、共和国を作り上げた情熱を無用なものとしてしまう避けがたい道をたどっていることを示していました。

これと似た衝動は、軍幹部のなかにも働いていましたが、そこでは剣を用いることをも辞さないという考えが見えました。ハリソン少将はみずからの進むべき道を、預言者ダニエルの聖句★26によって導かれていると考えていました。なぜならこの聖句は、神の聖徒たちにこの世の王国が与えられることを約束するものであったからです。ハリソンは、残部議会がこの王国を一刻も早く実現することを期待していました。もしこのことが、かれら内部の党派争いやこの世の利権争いが原因で進まないのであれば、クロムウェルが共和政府の方策を超えたなんらかの仕方で実現してくれるものと、ハリソンは考えていました。ハリソンが戦ってきたのは、国家の形態をどうするかという議論のためでもなければ、ローマの共和政をイングランドにどう生かすかということでもなく、神の恩寵による支配を実現するためでした。だから議会の幹部が（戦場では神の力を賜ることはありませんでしたが）、神のあわれみをいかにして法に適用するかを議論しているあいだ、ハリソンは長いこと黙ってはいられませんでした。ハルの知事であったオーヴァトンは、ハリソンと同じ見解を共有する者たちのなかではもっとも著名な人物でしたが、その見解とは軍人が聖徒として正統であるという教義でした。

　一六四九年の真夏から一六五一年の秋までの二年以上ものあいだ、共和政寡頭政府は、現状に目をつぶっていました。軍事的な熱意はクロムウェル指揮下のアイルランドとスコットランド征服へと向けられていました。そして自国で壊滅的な敗北を喫したイングランド国王派は、これらの他国での戦争のなりゆきに注目していました。共和政が永続するための唯一のチャンスは、この期間を利用して民衆の支持基盤のうえに共和政を確立し、実践的な改革を始めることでした。もし共和政がこれをなす意志や能力をもっていたなら、軍が帰還するとふたたび聞こえてくるに違いないであろう平等派の不満の声も、民衆の感情にたいしてなんら訴えかける力をもたなかったでしょう。「自由議会」という名は、かつてイングランドの人びとの耳にはよい政府を象徴する親しみのある響きをもっていましたが、いまやこの名は悪しきものが登場するというきざしと思われるようになっていました。通常の司法手続きが、特別法廷や議会委員会から干渉を受けたことは、だれの目にもわかる不満の種となりました。クエイカーであるジョージ・フォックスの日誌が示しているように、教会の秩序の破壊は、教区制度[★27]を重んじる考えをもつ人びとにとっては言語道断のことに感じられました。正規の教区では、長老派の聖職者は、煩雑で効果のない教会規律を実現しようと試み、十分の一税について論争して、教会禄を受けようとしていました。他方では同じ教区のなかに、「共通祈禱書を遵守する人びと[★28]」の一団があり、そのもとにいる国教会から追放された牧師によって、かれらは励まされていました。さらにバプテスト派[★29]や独立派の集会ももたれており、かれらの仲間が権力の座についているのに、かれらの敵対者が教会禄を受けていることに納得できませんでした。確立した規定がないため、それぞれの教派は、その地域の教派争いや策略によって十分の一税を自分たちが得ようとし、それを敵対者に払うことを拒みました。

当時共和主義者たちが採るべき唯一の望ましい政策は、改革された選挙区による新しい議会選挙の準備をし、コモン・ローによって認められたもの以外のあらゆる刑事訴追を廃止し、大法官府を改革し、法の手続きを簡略化し、少なくとも独立派と「穏健な」主教派すなわち反高位聖職主義の主教派を受け入れる枠組みにもとづいて教会を再編成し、十分の一税を固定された俸給に代えることでした。この政策がかれらにとって実行可能であったかどうかは別の問題です。共和主義者たちは民衆の感情を理解する力をまったくもっていませんでした。なぜならかれらは、若い国王をいだく強力なスコットランド軍と戦っており、長老派の聖職者たちは、スコットランド軍の勝利を祈っていましたから。このような状況のもとでは、かれらの「共和国はまだ生まれたばかりで幼く、きわめてもろい組織であった」というヘンリ・マーティンの主張は当たっていました。そしてマーティンの見解は、「共和国を生んだ母ほどにこれを育てるのに適している者はいないし、また、これが年齢を重ねて活力をもつに至るまでは、これを他人の手にゆだねることを考えてはならない」というものでした。しかしマーティンは、共和政の真の母は残部議会ではなく軍であったことを忘れていました。母として軍がおこなうしつけは、民衆の利害のなかになんらかの里親を見いださないかぎり、その子どもが自分自身の道を進もうとしはじめるやいなや、子どもにとって堪えがたいものとなるでしょう。

共和主義者の指導者たちのなかに寡頭制志向の気質が生まれて、状況はさらに困難できびしいものとなりました。そしてかれらのうちのもっとも卓越した者たちのなかに生まれたこの気質は、ミルトンが不満を表明したすぐれた著述のなかに集約されています。[☆7] その不満とは、神がある大義にたいして戦勝を与えておきながら、「その大義の真髄をなす有徳の人士が、低俗な群衆や非理性的な連中のなかで、汗を流して苦労しなければならないことになるとはどうしたことか[★30]」ということです。このような表現でさえ、それは現実とは向き合ってはいませんでした。なぜなら、民衆の共感と理解を得ることができるのは、このような排他的な自尊心ではなく、この世界における神的理性を代表するような、より高貴な自尊心であったからです。しかし有徳な人士は保護されるべしという自尊心は、ひとたび政治権力と一体化すると、すぐに派閥的なねたみに転化してしまうものです。わたしたちの記憶に残る事例としては、オルレアン支持者[★31]支配下のフランスがそうでしたし、また長期議会における支配者たちもそのような精神にひかれていきました。かれらは軍事的運営に成功したために、政治においても自分たちには能力があると勘違いしてしまい、かれらは、徳については自信があると考える貴族たちと同じ気分になって、自分たちの権力維持に固執しました。卓越した者たちの場合がこのような状況だとしますと、残りの者たちのあいだにより凡俗な利己心が流布したことは確実です。したがって、かれらの政治はきわめて純粋なものでしたが、ミルトンの『第二弁護論』がかれの本当の考えを表現したものとみなしますと、かれらの親友たちのあいだでさえ、かれらは、党派争いと妨害の精神をもっていたと言われても無理からぬところです。

ヘンリ・ヴェイン卿だけが共和主義者たちのあいだで状況を正確に把握していました。軍事的暴力にかかわることを嫌い、プライド大佐による議員追放以後、そしてこの追放はヴェインにとってとくに有利であったにもかかわらず、ヴェインは議会から身をひいています。しかしクロムウェルが執拗《しつよう》に懇願したため、ヴェインはやむなく国務会議に加わりましたが、その参加後ヴェインはただちに、政府が民衆の賛同を得る必要性をみてとり、新しい選挙をおこなうよう提起しました。そしてこの問題を検討する委員会が、共和国初年にヴェインを議長として定期的に開かれていたようですが、一六五〇年の初頭にこの委員会は、四〇〇人からなる新議会と、選挙区の再編成をおこなうようにとの報告書を提出しました。そして、この報告にそった決議が委員会によって可決されましたが、この法案が議会に提出されることはありませんでした。その間《かん》ヴェインは、スコットランドとオランダとの戦争に精力をとられてしまい、他の切迫した問題と同様に、この問題についても議会は決議以上の段階まで進めることはできなかったのです。議会は十分の一税の問題に対処すること、教会の資金によって民衆教育を提供すること、法を簡略化することなどを決議しましたが、実際には法律制定には至りませんでした。一六五一年秋には、議会は、戦争と財政にかんして効果的な管理運営と、説教者と学校長をウェールズへ派遣することについて承認しました。しかし、かれらのまわりでたんに静かにしていただけの敵勢に立ち向かうことや、議会が一時的に得た権力の源である宗教改革の情熱の要求に応ずることにかんしては、議会はまったくと言ってよいほどなにもしませんでした。一六五一年九月六日に議員たちは、「神の恩寵は私の想像をはるかに超えた大きなもの」であり、「それはおそらく最高の恩寵でした」というウスターの戦いについてのクロムウェルの報告が読まれるのを聞きました。その間《かん》にクロムウェルは、馬でロンドンへ向かっていましたが、かれの従軍牧師であるピータース氏がくだした解釈、あるいは解釈したとのちに信じられているところによりますと、かれの表情には自分がイングランド国王になるという自負が表われていたとのことです。エイルズベリで、クロムウェルは、議会を代表して迎えにきていたセント・ジョンとホワイトロックに会いました。かれらは二人とも「政治的安定」と「ひとりの人物による統治」を切望する法律家たちのうちでも特別に重要な代表者でした。クロムウェルは、かれらと、とくにセント・ジョンと長い会談をおこないました。ホワイトロックは、クロムウェルが九月一六日に議会に出席したこと、さらには「議会が新しい代表選出にかんして」、また「軍人たちを満足させることと民衆を安心させることのための方策をともなった、大赦と恩赦についての議論を再開した」という重要な記述をしています。いかなる解決をもたらすべきかという問題は、もはや一刻の遅滞も許さないとする「ひとりの人物」の手にいまや託されたのです。

原註

☆1 ホワイトロック『回想録』第二巻、三一三頁。

☆2 四月一〇日、ラシュワース、第七巻、一〇五一頁。

☆3 ワーズワース『ルツ』。

☆4 『ミルトン散文著作集』第三巻、一八四八年刊、四五―六頁。

☆5 『ハチンソン大佐の生涯』第二巻、一八八五年刊、一二五頁。

☆6 ホワイトロック、前掲書、第三巻、一七頁。

☆7 『国王と為政者の在任権』。

訳註

★1 一六四八年春、ウェールズ、ケント、エセックスで国王派はいっせいに蜂起し、第二次内戦が開始された。蜂起はいずれもフェアファクスとクロムウェルによって鎮圧され、ハミルトン公率いるスコットランド軍も八月にプレストンの戦いでクロムウェルに敗退。その後、四九年一月にチャールズ一世は処刑され、五月には共和国が成立することになる。

★2 「プライド・パージ」と呼ばれる。一六四八年一二月六日に、プライド大佐に率いられたニュー・モデル軍の一隊が、長老派議員一四〇名を庶民院から追放、長期議会は独立派議員だけで構成される残部

（ランプ）議会に改編された。

★3 マーヴェル「クロムウェルのアイルランドからの帰還を称えるホラティウス風頌歌」一六五〇年、五七―六四行。

★4 国家を表象して押す政府印のこと。

★5 一六五〇年、共和国政府が十八歳以上の全男性に課した誓約。国王や貴族院の存在しない共和国の政府に対する忠誠を要求したもので、誓約論争を引き起こした。一六六〇年に廃止。

★6 一五八八年にスペインの無敵艦隊を破ったイギリスの提督ドレークにちなんで名づけられた小型の大砲。

★7 処刑された国王の遺書というふれこみで出版され、ひそかに売れ行きを伸ばした。

★8 ワーズワース『ルツ』、一七九九年。

★9 マーヴェルの詩の二行。

★10 ジョン・ミルトン『アレオパジティカ』（一六四四年）からの一節。

★11 『国王の像』（エイコンバシリケ）の出版を受けて、ジョン・ミルトンは、国務会議の外国語秘書官として、『偶像破壊者』（エイコノクラティス）を一六四九年に出版し、国王処刑の正当性を訴えた。

★12 「長老派とともにいる者」という造語。

★13 オクスフォード大学とケンブリッジ大学を指す。

★14 旧約聖書「民数記」第一六章からの引用。コラ、ダタン、アビラムが、二五〇名ものイスラエルの人びとを仲間に引き入れて、モーセに反逆した罪で、神によって裁かれたという話。

★15 『ミルトン全集』コロンビア大学出版、一九三二年、第五巻、五九頁と五―六頁からの引用。

★16 長老派を指す。

★17 ロンドンの手工業者や小商人層、小農民など一般庶民に基盤をおく。リルバーン、ウォルウィン、オーヴァトンらに率いられて、急進的な民主主義運動の党派として革命中に出現。人民主権論、普通選挙制、信仰の自由などを要求し、長老派や独立派の理念と対立。

★18 新約聖書「マルコによる福音書」第八章第二二―二六節。

★19 新約聖書「コリントの信徒への手紙（一）」第一章第二五節のパウロの言葉。

★20 「人民協定」を指す。一六四七年に平等派が起草した政治改革案。人口比による選挙区制、議会の隔年制、信仰の自由、法の下の平等など民主的な主張を掲げる。四七年秋のパトニー討論において提案されたが、アイアトンら独立派将校たちの警戒を招き、採択されなかった。

★21 都市選挙区のうち五六選挙区が廃止された。

★22 一五四〇年頃に、枢密院の司法関連事項を扱う裁判所として整えられ、おもに王国の治安維持を役割としていた。チャールズ一世の治世に入り、反国王的、反体制的な言動にたいする取り締まりを強化していき、絶対王政の権力機構の中心となった。一六四一年七月に廃止。

★23 平等派のシンボルである深緑色のバッジ。

★24 土地私有制度の廃止を唱えた急進派ピューリタンたち。

★25 新約聖書「ローマの信徒への手紙」第一三章第一節参照。

★26 旧約聖書「ダニエル書」第七章参照。

★27 全国を教区に分け、教区にひとつずつ置かれた教区教会（パリッシュ・チャーチ）を基礎に組織された教会制度。第一講訳註14・16参照。

★28 主教制擁護者たちを意味する。

★29 一七世紀初頭にイングランドのピューリタン内部から生まれた一教派。幼児洗礼を認めず、成年に達したのちの自覚的洗礼を重視する。各個教会の自立・自治を主張する会衆主義をとる。スイスやオランダを中心とした「再洗礼派」とは区別されるが、イングランドのバプテスト派の創始者ジョン・スマイスやトマス・ヘルウィスがオランダに亡命していた時に、再洗礼派の一派であるメノナイト派と交流があり、多少の影響を受けたと考えられる。

★30　『ミルトン全集』コロンビア大学出版、一九三二年、第五巻、三頁。

★31　ブルボン家の子孫であるオルレアン家の支配を支持する者たち。

第四講

前回の講義では、クロムウェルがウスターから帰還して議会に出席したことにより、新しい選挙と全体的な政治体制についての問題がふたたび取り上げられることになるまでを見てきました。これらの問題は、それまでの二年間、共和主義寡頭体制では直視せずに避けてきたものでした。これらの問題解決を推し進めるにさいしても、クロムウェルはさまざまな立場を取り入れるというかれ本来の考え方を崩すことはありませんでした。一六四七年夏、国王の代理人としてクロムウェルと交渉したバークリの『回想録』からわかることは、軍あるいは寡頭制的議会にもとづく狭小な基盤の上に政府を確立することは困難であると、クロムウェルがそのとき自覚していたということです。当時クロムウェルが企てていたことは、国王が新議会を召集し、その議会から国王派を閉めだすことを国王自身が宣言することを条件に国王を復位させるというものでした。この企ては、国王が軍の監督下におかれていた時期に、軍が国王に示した提案の原案であり、その後この提案は状況の変化に応じて拡大され変更が加えられ、翌年の議会に提案されました。その提案[★1]では、現在開会中の議会は一年以内に閉会し、その後は、二年ごとに議会選挙がおこなわれ、会期は一二〇日以下であってはならず、また二四〇日を超えてはならないこと、さらに人がほとんど住んでいない町からの議員選出はやめるべきこと、税金の徴収額に応じて、これまで非選出であった州からも議員を選出することができることなどが規定されています。また過去に国王軍の兵士であった者は五年間被選挙権がないこと、旧枢密院は国務会議に取って代わられたゆえ、七年任期の国務会議のメンバーをただちに選出し、以後は議会によって任命されること、主教たちの強制権は廃止され、「共通祈禱書」を用いることと「厳粛な同盟と契約」に契約することはどちらも強制されないこと、このような条件のもとでのみ王制は回復され、広範囲にわたる大赦が実施されるべきこと、ただし議会には五名まで特定人物をこの恩赦から除外できる権限が与えられることなどが規定されています。

　この文書は、アイアトンが書いたものと考えられています。クロムウェルよりもアイアトンのほうが文書作成に長《た》けていたのです。当時クロムウェルは、アイアトンの妻であるかれの娘に送った手紙のなかで、なぜ自分がアイアトンではなく娘に手紙を送るのかという理由を「わたくしがひとこと考えを述べるとアイアトンはそこからさまざまな方策を打ちだそうとするから」と述べています。ホワイトロックは、「これらの軍の宣言や議事録は主としてアイアトン大佐が作成し執筆した[☆1]」と記しています。また、ホワイトロックは、「アイアトンは勤勉かつ想像力豊かな人物であったが、岳父であるクロムウェル副司令官の激励とあと押しによって力量以上の仕事をこなしました。アイアトンは法学院育ちだけに、法律の知識に多少は通じていまして、それがかえって災いし、大きな間違いを犯しました」とも述べています。以上に見たようにアイアトンはさまざまな方策をたてましたが、立案はアイアトンのものというよりはクロムウェルのものであり、クロムウェル以上に政治家らしい再構築計画を案出することは困難であったと思われます。もしこの計画が完全に実施されていたなら、真正な議会政治と自由な国家教会が同時にイングランドに実現し、その後の二世紀にわたる選挙区の売買や汚職による政治はなくてすんだことでしょう。また教会が国家に、国家が教会に干渉したりすることもなかったと思われます。しかし、わたしたちが見てきましたように、チャールズ国王はこの提案を拒否し、新たな政治取引を始めました。そして以上のような和解の機会は二度とおとずれることはありませんでした。しかしそれ以後も和解のための施策はなりゆきによってさまざまに変わりましたが、クロムウェルの和解という目的は少しも変わりはありませんでした。旧来の利害関係と新しく起こった熱狂主義を和解させその問題を解決することが、クロムウェルのその後の活動の鍵をにぎっていました。もっともすでに十分に説明しましたように、この和解は「真新しい布ぎれを古い着物に縫いつけはしません[★2]」とありますように、実際には不可能なことでした。歴史を冷静に振り返ってみますと、熱狂主義を旧来の利害関係にあわせようとすることは、詩を散文に言い換えようとする試みに等しいものなのです。それがうまくいかないことは当然でしょう。なぜならそれは、その本質が動的、否定的、抽象的であるものを、固定的、肯定的、具体的なものにするようなものだからです。突然、霊を肉的なものに無理に一致させようとしたり、肉を霊的なものに一致させようとすると、実際には、霊が肉的なものと化してしまうようなものでしょう。いずれにせよ、クロムウェルがもくろんだ和解が絶望的なものとなったことが、かれの晩年の悲劇を生むことになりました。「信仰篤い人びとの権益」(Godly interest) を守ることばかりを強調しますと、それにたいして必ず「世俗的な混合物」が純粋な霊的炎を凌駕するようになります。聖徒たちの眼には、クロムウェルが、神の民に仕えれば仕えるほどみずからの魂を失った者のように見えたのです。しかもかれの良心は、同情心に満ちていて、聖徒たちになんと言われようと弱まる気配はありませんでした。おそらくかれの魂のかかえた重荷は、かれが「わたくしはかつて神の恩寵のもとにあったことを知っている」という死の床での絶叫に見ることができます。

クロムウェルには確かな生まれつきの才能と信念があり、それらが、かれの外面的な性格からもよくわかったために、傑出した偽善者という名称がつけられました。しかし、現存するかれの書簡に表われたかれの内面を見ますと、この才能と信念は、和解という真実の目的のために必要な形成力となる媒介物であり、もしこれらがなければ、かれはこの目的を他人の心に浸透させることはできなかったでしょう。「われこそがこれまでしいたげられてきた神の民のために選ばれた擁護者である」といった信念が、クロムウェルの行為の究極的な源泉でした。この信念が、セクトの集まりであった軍隊をひとつにまとめ、それを勝利に導いた指導力となったと思われます。そしてこの信念を実現するにあたっては、事の成りゆきに身を任せること、またさまざまな見解をもつ人びとの、そのときどきの考え方に共感することが、（いまふうの言い方をすれば）クロムウェルの「気質」でした。人びとの考え方に共感するという気質は、ときに迎合的でその表現はおおげさに見えましょうが、それがまったく心からのものであったことは、クロムウェルの気質が明白に人びとの心に訴えたことによってもわかります。実際その人びとにたいする共感は嘘いつわりのものではありませんでした。もっともクロムウェルが、共感した人びとの教義ならばどれでも積極的に支持したということではありません。それどころか、かれは、有効と思えばあらゆる手段を駆使して、かれがそれまでおこなってきたように、良心の自由にもとづき神の教えを守るために一貫して神と人に忠実でありつづけたことは明らかです。クロムウェルは、行動をともにする者たちの性格や信念のうちに宿るすべての要素を熱心に理解しようとしました。かれがその目的を推し進めることができたのは、このことのゆえであったと思われます。なぜならかれがその目的を推進することをやめたときには、かれの共感も失われたからです。クロムウェルのこのようなやり方は、かれの行動にたいして、とうぜんに、自分たちは、かれの利己的な目的のために利用されたのではないかという思いを人びとのあいだに呼び起こしました。かれの同時代人や後代の人びとのなかでもかれにあまり好意をもっていない者たちのあいだで、かれの評判が損なわれた理由のひとつは、皮肉なことにクロムウェルが自分の仕事を完遂させようとした行動そのものにあったのでした。クロムウェルは自分の評判についてはほとんど意にかけず、自分がなにをなすべきかについてのみ大いに意を用いていました。わたしたちが、事のなりゆきに身を任せるとみなす事柄を、クロムウェルは、神の「摂理の実現」とみなしていました。これは神の導きによるものであるという信念が、かれの行動をいちだんと大胆にさせるとともに、利己的な関心からは遠ざけたのです。そうした考えについては、ハミルトン軍を敗走させた直後にオリヴァ・セント・ジョンへ宛てたクロムウェルの書簡のうちに、見てとることができます。[☆2]「親愛なる兄弟H・ヴェインのことを心にとめておいてください。ヴェインが摂理を軽視しすぎないこと、わたくしが摂理を重視しすぎないことを祈ります。……われわれは（皆このような働きを）人びとがどう思うかについて気にしないようにしましょう。人びとは、喜んでするにせよ、そうでないにせよ、神がよしとされることをおこなうでしょう。そしてわれわれは、時代を超えて仕えることになるのです。われわれは安らぎを別のところに求めます。それは永続するものとなるでしょう。われわれは明日についても、どのようなことについても心わずらわすことはありません」。本心から述べられたこの生き生きした言葉は、クロムウェルがのちにヴェインやより急進的な共和主義者たちから離れていくことを暗示しています。クロムウェルは政治的な危機の時代にはヴェインなしには偉大なことはなにも達成できないという思いをいだいていました。それは、個人の平和や名誉がその行動によって損なわれるとしても、ヴェインを通してなされなければならない神の御業《みわざ》があると感じていたからでした。共和主義者たちは、理論と原則を重んじ、「勇敢で誠実な人びと」でしたが、「自分たちの評判にかかわる」ことについては強いこだわりをもっており、いささか好意的にいうならば、信念のためなら、自分自身や国家を犠牲にしようが気にしない人びとでした。この人びとはこの時代、「凡庸な連中」に混じって英雄的役割を果たそうとしております。ですから、かれらは受けて当然の信望を受けませんでした。わたしの目的とするところは、政治に賭ける「運命の人」を向こうに回して、「原則重視の人」を評価することではなく、この両者の衝突は避けがたいということを示すことにあるのです。もしクロムウェルが政治的な賭博師であったならば、かれは自分の手の内を決して見せようとはしなかったでしょうし、深く注意せずに書いた書簡や、かれ自身が「四つの言葉しか覚えていない」という演説などの驚くべき資料は残らなかったことでしょう。けれどもそれらのうちにわたしたちはクロムウェルの魂の発露を見ることができるのです。

　第三講でわたしは、次のようなことをお話ししました。すなわち一六四八年初頭の国王との交渉打ち切りの決議によって、独立派ならびに軍が国王と決定的に決裂した時点から、クロムウェルがハミルトン軍を壊滅させるために出発した時点までのあいだ、クロムウェルは、いまや不可避のものとなった共和国設立のために、共和主義を公言している者たちの派閥だけではなく広範な人びとの支持を得るために、各派を和解させようと奮闘したことをお話ししました。長老派と共和主義者は、いずれも扱い難く、いうなれば自分たちの原則に固執していて、とうてい和解は不可能でしたし、また一時的には共和主義者が優勢のときもありました。共和主義者たちは、聖書の共和政にかんする文言にくわしく、オランダとスイスの自治共和政から学んだ人民主権論にも長じており、わき目も振らずに一直線にわが道を進んでいました。そしてクロムウェルは、そのような精神がどこへ向かうかをよく知っていましたので、かれはあるときラドロウとの会話のなかでそのいらだちを爆発させたことがありました。クロムウェルは「共和主義者の連中は、独断と偏見でしかものごとを考えようとしない」と述べています。しかし、クロムウェルは、共通の敵を倒すためには、なおしばらくのあいだはかれらの自尊心を放任せざるをえなかったのです。遠征のあいだ、出来事の論理つまり「実現された摂理」の論理の指し示す方向は、さらに明確になりました。そうした認識がクロムウェルの書簡のなかに随所に表われてきます。勝利の戦いに歓喜して、クロムウェルは以前の宗教的熱狂すなわち聖徒たちの選ばれた指導者としての自覚を思い起こしていました。かれは戦いを通して、神の正しき審判がくだされ、また「驚嘆し感嘆したことに」、かれのかかげた大義が戦いのなかに示されていると考えていました。クロムウェルはプレストンでの勝利後、議会の議長宛てに手紙を書いて、「たしかに閣下、これは、神の手による以外のなにものでもありません。この世のなにかを高く上げたり、高みの座につこうとするものを、神は低く押さえられます。なぜならこの日は、神のみがほめたたえられる日なのですから。あなたがた、それに神いますことを告白する者が、みな神を高めまつること、また神の民を蔑することのなきようにと祈ること――これ以上のことをわたしは勧められません。神の民とは、神にとっては目に入れても痛くないほどの存在であり、王たちでさえこの神の民を守るためには、みずからが叱責をうけることさえあるのです」[☆3]と記しています。

この新しい「体制」を散文的に説明しますと、国王派の「義務不履行者」にたいして軍隊の激昂が制御できなくなり、イングランドにおいて国王を支持する長老派にそそのかされ援助を受けたハミルトンが侵攻したことにより、長老派と共和主義者との提携は不可能となり、そのために共和政は、共和主義者と軍のみが代表せざるをえなくなりました。これが、クロムウェルの実践的洞察が心ならずもたどり着いた最終的判断であったことは疑いようもありません。しかし、クロムウェルのこの判断とその結論が、かれ自身の思考のなかで結合し融合した熱狂の「驚くべき錬金術」であったと正しく理解するまでは、わたしたちはかれの判断を真に理解したものとは言えません。どういう経過をたどってこのような判断にいたったかは、ハモンド大佐宛の書簡に表現されています。この書簡は、議会多数派の長老派が王と取引し、王をロンドンへ復帰させることを決意したことが明らかになったときに書かれたものです。この書簡の目的は、差し迫っていた議会の投票は（すでにわたしたちが見たように）、自由な良心の主張を破滅に陥れるものとなるから無視するように、また国王を軍隊に引き渡すようにハモンドを説得することにありました。「神が諸国に任命した権威にたいしては、能動的であれ受動的であれ服従すべきだとあなたは述べておられます。そしてこの権威はイングランドにおいては議会に存するのです」と、クロムウェルは書いています。そしてこの見解にたいするクロムウェルのハモンドへの応答は続きます。「権威と権力は神の定めるところにあります。しかし、権威と権力はそれぞれ人間のつくった制度であり、そのためその権威と権力には限界があり、個々の状況によって多かれ少なかれ束縛を受けます。したがって、わたくしは権威者はなにをしてもよいとは思えず、そのような者への服従は正当だとは思いません。ときには抵抗することが法にかなう場合があることは皆が同意しております。……問われるべきは、われわれが直面している状況がそれにあてはまるかどうかです」。この問題へ答えるためにクロムウェルはハモンドにたいして次の三点を考慮するように求めています。「第一に、公共の福祉が確保されているかどうか。第二に、盟約のすすめ方について」（すなわち提案した盟約について）「主なる神のまえで――そして神のまえでは良心が確立されていなければなりませんが――、真に公共の福祉が保持されているかどうか、あるいは、戦いの成果が全体的に失敗に終わり、以前の状態よりもさらに悪い状態へ陥っていないかどうか。……第三に、この軍隊が、国王と戦うさいにある明白な根拠にもとづいて、神に召された軍隊であるかどうか、またこの軍隊がその目的に応じて、ある権威とは武力をもって戦い、他の権威とは戦わないといった合法的な軍隊であるかどうか、なぜなら、私的な権威がその力を使って人びとを召集し、その権力ゆえにその争いを合法と仕立てるというのではなく、この争いがそれ自体、そもそも合法なのですから。……親愛なる友よ、さまざまな摂理のしるしに目を向けようではありませんか。たしかに摂理のしるしはなにかを意味しており、相互に関連しあっております。摂理のしるしはすぐれて一貫しており、明瞭であり、かつ曇りなきものです。いま『聖徒たち』と呼ばれるようになっている神の民の名を根絶しようとする策略、つまり神の民にたいして向けられた悪意は驚異的に膨れあがっております。しかし『聖徒たち』は武器を手にしての防御の方策にめぐまれ、そのめぐみは豊かさを増しました。苦難の意味のわかる者はこの事実を見過ごすことのなきように。……われわれが苦難に遭うのは、神を試みる機会を神がわれわれに与えるためではありません。信仰を出し抜いて、いや信仰なしに行動に出るということこそが、神への試みなのです。もし主なる神が民に法に従え、務めに服せよと説くならば、民の心を打つこのことばこそが信仰のありかであり、それに従う行為こそが信仰に立つ行為なのです。苦難が大であればあるだけ、豊かな信仰が与えられるのです。……しかしわれわれの仲間うちには、受け身の原則に立って、真に義にして誠実なる生き方を見逃す者がありはしませんか。神の民ということであれば、それだけで他に比して、より大きな善を積めるものと自認したりして！　しかし主なる神が証したこの男、そなたもよく知るこの男の示す善こそが、真の善なのです[☆4]」。

　この書簡に見られる情熱が真摯なものであることには、疑いの余地がありません。もっともそれが自己欺瞞をおおい隠す恐れのあるものであるかどうかは、はっきりしません。しかし実際のところ、クロムウェルの情熱がすみずみまで行きわたっていることこそが、革命史全体を説明できる唯一の鍵であると思います。たとえばクロムウェルが、さまざまな非国教的セクトを指導するのに必要なものとして、かれらに「仕える霊」への共感を示したことが、「公共の福祉」への強い情熱を必要とする明確な判断と結びついていました。またわたしたちの偉大な宗教戦争がたんなる流血に終わらず、イングランド社会の実際的前進につながったのは、そのような奇妙なさまざまな才能を内包していた人物がいたからこそなのです。

　クロムウェルがおごそかに述べていましたように、「自分自身の選択ではなく、神の摂理と必然」が王政を廃止し、共和政がそれに取って代わることをかれになさしめたのです。そしてかれは新議会のもとで、諸利害を全体にわたって調整する作業を再開したのでした。しかし、いまとなりましては「信仰篤い人びとの権益」を確保すべき調整の可能性は、もし一六四七年にチャールズが、短気を起こさず迷信に惑わされずに、公正なる合意をなしていた場合とは、ずいぶんと異なったものになっています。その当時クロムウェルは自分の統制のきく評議会のもとで国王を復位させることによって、王政というなじみ深い名称のもと、統一的な主導権を手中におさめることを望んでいました。その王政というなじみ深い名称はいつの時代でも重要ですが、内戦によって過熱した党派間の争いという混沌から抜け出し、秩序を回復しようとするときにはとくに重要でした。その後のとるべき選択肢は二つ、王政か共和政しかありませんでした。一方のなじみ深い統一方法は、最終的には人びとに祝福されたかの王政復古のように、「信仰篤い人びとの権益」を完全に制圧することによって可能となる方法であり、もう一方のあまりなじみのない統一方法は、剣を振りかざし、さまざまセクトを武力によるかまたは共感によるかして統御する激しい気性の持ち主によってのみ実現可能な方法でした。もっともこの条件はその人物の死によって終わるのですが。しかし、軍隊のクロムウェルへの熱狂的な信頼は依然として厚く、クロムウェルもその任務達成の精神をもっていました。ホワイトロックの日記には、チャールズの処刑からまだ一か月も経っていない二月二五日に、「国務会議からもどったクロムウェルとその娘婿であるアイアトンは、わたくしと夕食をともにしました。そのときかれらは、とても陽気で上機嫌のように見えました。話は夜半の十二時すぎまではずみましたが、かれらは内戦や、ロンドンにおいて軍隊が議員たちを捕えたさい、いかにみごとに神の摂理が働いたか、いかにそのすべてにおいて奇跡が起こったかについて話をしてくれました」[☆5]と記されています。しかしクロムウェルは、かれが従ってきた摂理は、より長期的な仕方で働くものであることを知る必要がありました。なぜなら摂理は、ピューリタン哲学だけでは、思いもつかないほどの広汎な内容をふくんでいたからです。

翌春、クロムウェルは、アイルランド征服のため軍司令官に任じられました。その後かれは、一六五〇年夏に呼びもどされ、まもなくしてスコットランドへ派遣されました。したがって、一六五一年のウスターの戦いから帰還するまで、クロムウェルが政府の中枢にあって調整と改革の政策を推進する機会はまったくありませんでした。他方、この時期におけるクロムウェルの政治活動を見ますと、そこには一貫したあるひとつの方向性があったことがわかります。国務会議に入るようにヴェインを説得し、ヴェインの意見にあわせて任務内容を変更したのはクロムウェルでした。したがって、軍による統治をとくに嫌っていた、しかし当時もっとも有能であった人物を政府に復帰させたことは、クロムウェルの目的がみずからの活路を開くことにあったとするならば不可解な行動だということになります。しかしその目的が全体の調整をはかることにあったとするならばまったく自然な行動だと言えます。さらに、一六五〇年の夏、フェアファクス指揮下の軍隊をスコットランドへ送ることが提案され、フェアファクスが、「長老派牧師と、かれらの熱心な支援者であった妻に説得された結果」、内戦の正当性に疑問をもちはじめ、ついには軍の指揮権を返上しようと決心しかけていたときに、まっ先にその地位にとどまるようにフェアファクスを強く説得したのはクロムウェルでした。当時回想録を記した者たちは、クロムウェルへの嫉妬心も手伝って、その出来事をのちに、このときのクロムウェルの熱心さは見せかけのものであり、「狡猾な振舞いであった」と評していますが、もしこれが見せかけのものであったとしても、その目的がなんのためであったのかをかれらは説明していません。もしかれの目的がみずからの勢力拡大のためであったとしたら、軍の指揮権を他人の手にゆだねることはその目的からはずれるものであって、説明がつきません。他方、もしその目的が全体的な和解を求めるものであったとしたならば、かれが長老派への共感とセクトへの寛容をあわせもつ唯一の人物として、長老派の利害を共和国と調整しようとしたことは至極自然なことでしょう。

当時、ピーターズ氏は「クロムウェルがいまやイングランドの国王となるべきである」と述べていますが、この時期のクロムウェルにはそのような考えはありませんでした。しかし自由な国家における「聖徒たちの自由教会」を、なんとしても樹立させたいという思いと、われこそはその樹立を達成する者なりとする「内なる熱き思い」は、かれの心のなかで確実に強まっていきました。ヨシュアがカナンへ軍隊を率いていったように[★3]、クロムウェルはアイルランドへ軍隊を率いていきました。そしてかれがミルフォード・ヘイヴンから船出するときに議会へ宛てた最後の書簡では、誠実な人びとの良心を抑圧する刑法の条項を削除することにかんして熟考するように求めています。かれはアイルランドとその後スコットランドを、いつもと変わらない激しい情熱によって征服しました。かれはドローエダを急襲したあとで、「偉大なことは、権力や武力によってではなく、神の霊によってなされなければならないということが、わが勇士たちの心のうちに浮かびました。そして、それはまことにその通りではないでしょうか。味方の兵士たちをしてあれほど勇敢に急襲させたのは、神の霊でした。神は、味方の兵士たちに勇気を与えたり、なえさせたり、他方で敵の兵士たちに勇気を与えたり、なえさせたりします。そして今回味方の兵士たちに勇気を与え、このような喜ばしい成功をかれらに与えたのです」と書いています。[☆6] 二つの内戦のあいだをはさむ短いロンドン滞在中における、ラドロウとの会話を通じて、クロムウェルの関心は、迅速な改革、とくに法改革の必要性に向けられていたこと、またかれが「詩篇」第一一〇篇に鼓舞されていたことがわかります。[☆7] この詩篇は、主はあなたの力ある杖をシオンから伸ばされる。……
あなたの民は進んであなたを迎える。
聖なる方の輝きを帯びてあなたの力が現われ、
曙の胎《たい》から若さの露があなたに降るとき。★4

というものです。スコットランドへの遠征の経験は、クロムウェルの理解によれば、奇跡的な経過に満ちており、それが神から与えられた任務であるというかれの自覚を強めました。『使徒言行録』第二章にあるように、霊に満たされて世の人の目には酒に酔っているように見えたかもしれません」と、クロムウェルはスコットランド教会の総会議に宛てた書簡に書いています。☆8 このように霊に満たされたクロムウェルは、九月二日、生気のない半ば飢餓状態にあった軍隊とともにダンバー近辺に駐留していました。それにたいする敵軍の数は二倍ほどで、かれの陣地を圧倒しているように見えました。しかし、まさに「敵の数、敵の有利さ、そして敵の自信のゆえに、そしてわれわれの弱さ、われわれの苦境のゆえに、われわれは、主の山において見いだされ、主がわれわれのために救いの道をお与えくださり、主の摂理の崇高なはたらき」によって、レズリーは作戦を誤り、クロムウェルは救いの道を見いだすのです。「主がこれをなしてくださったと言うことができます。神を誇りに思いつつ、わが歩兵連隊が行進するのを見聞きするのは、なんと心地よいことではありませんか。勝利はあなたがたの手中にあるのです。そしてこれらの大いなる恵みを通して神は勝利をあなたがたの手に渡し、主なる神に栄光を帰せしめたのです。その結果、あなたがたの権力は増し、神に捧げられる讃美に対応する神の側からの祝福それ自体が増大したのです。……あなたがたは自己を捨て、あなたがたの権利を獲得しなさい。……抑圧されている者たちを救い、イングランドにおける惨めな囚人たちのうめき声に耳を傾けなさい。いかなる職業であれ、それに付随する権利の濫用を進んで改革しなさい。そしてもし少数者を富ませるために多くの者を貧しくする者がいれば（これは法律家にたいする当てこすりですが）、それは共和国にはふさわしくありません[☆9]」とクロムウェルは勝利のあとに議会宛てに書いています。

一年後、ウスターから帰還したさいにクロムウェルの顔が輝いていたのは、またわたしたちが見てきましたように、議会にもどった最初の日に、軍の再編と改革を推進するようにかれの心を突き動かしたのは、王位に就こうというような低次の野望などではなく、神の御業《みわざ》に力を尽くしているという満ち足りた歓喜の心でした。この時期にミルトンがクロムウェルについて書いているように、「平和は、戦争の勝利に劣らぬ栄誉を与えます[★5]」。しかしこの勝利は数日間で得られるものではなく数世紀を通じて勝ち取られたものであり、感覚ではなく、思考を働かせる活力によって勝ち取られたものなのです。クロムウェルがかつて自分自身について「自分はしばしばものごとを過剰にやりすぎる」気質があると語っていました。そしてクロムウェルに信頼された「娘婿のアイアトン」は、その「利発な頭脳」でクロムウェルの考える計画をより慎重に思慮深く考える人物でしたが、もはや身近にいて、クロムウェルを制止することができなくなりました。なぜならアイアトンは、ウスターの戦いの三か月後に、任地のアイルランドで命を落としてしまったからです。アイアトンの死は、「クロムウェルに大きな悲しみを引き起こした[☆10]」と伝えられています。「アイアトンほどクロムウェルを説得したりかれに道理を説くことのできる者はおりませんでした」。もっとも、もしアイアトンが生きのびていたとしても、ときにクロムウェルを制止できたかもしれませんが、かれの性格を変えることはできなかったでしょう。もしクロムウェルがアイアトンと同じ時点で亡くなっていたとしたら、クロムウェルもアイアトンのように高潔な共和主義者という名声を得ていたことでしょう。しかし、のちにクロムウェルは共和主義者たちから離れます。それはかれが軍の改革と再編を推し進めたことによるのですが、これはもともとアイアトンが構想していたものでした。ダンバーの戦いのあとで議会に宛てたかれの書簡（かれの率直さをみごとに示した例ですが）によりますと、軍の再編をすすめるにさいして「うるさく要求をだして軍人たちを突きおとすようなことはしたくない」という願いを明言していました。そしてかれは、そのことばを忠実に実行しました。しかし、一六五一年九月一六日から五三年四月二〇日までの約一年半の期間には、かれは状況の必要性にあわせて、寡頭制的共和政を実現させようと誠実に努力しました。かれの要求が強制的なものでなかったとしても、民衆の要求はそうでした。そして、議会はみずからの実際的な「存在理由」を示さなければならず、それができなければその威信を失うことは明らかでした。地方からの請願書がたえず届き、その内容は前回の講義でお話ししました「平等派」の意見に似たものでした。それらの請願でくりかえし語られる要点は、レビ・ユダヤ教的、あるいはローマ・カトリック的とみなされた十分の一税が廃止されるか、あるいは公庫に集められその一部を各州の教職者を維持するための費用に充てるべきこと、「ひどく酒に酔い、性根が悪く、恥ずべき行為をして神聖さを汚している」にもかかわらず教職者となっている者たちには、自分の生活費は自分で働いて得るようにさせること、正義は売買されるべきものではなく、与えられるものであること、自他の所有権にかんする訴訟はすべて無償でかつ成文法にもとづいて裁定されるべきこと、時間のかかりすぎる訴訟により、虐げられた者たちを餌食《えじき》にしている一群の法律家、法廷代理人、下級弁護士たちを取り締まるべきであることなどでした。ときに人びとは「正義が、もっとも貧しい者たちが自由に訴えることができ、またもっとも富める者たちが避けることができないほどの力強い川となって流れていくように」と望み、強く訴えています。その間《かん》に残部議会は、その活動が以前はあまりなされていなかったことを考えますと、おそらくクロムウェルからの圧力があったのではないかと思いますが、苦情検討委員会を設置したり、議決を促進したりとより活発に活動しました。それらの議決がもし実行された場合には、イングランドの訴訟はこれまでよりも安く抑えることができ、イングランドの土地売買はより自由なものとなったことでしょう。しかしながらそうした立法は成立することはありませんでした。なぜなら軍が国家の真の代表機関であり司法機関であるというかつての信念がよみがえり始めたからです。一六五〇年の終わりには、「軍の士官たちはランバートの委託により、党派間の係争を裁決し、そのさいに民衆は十分な聴聞を受け、迅速な処理がなされたことに大いに満足しました」という内容の書簡が議会で読みあげられ、同時に軍のなかでは、権力の濫用に関する改革案と、新議会にかんする請願書が回付されました。それは、以前、一六四八年に、軍が議会と直接交渉していた時期と同じ語調で書かれていました。議会がその真の、そして唯一の支援基盤とする「軍の聖徒たち」と、ここで再び対峙したということが事実です。「聖徒たち」にしてみれば、古来の共和主義思想もほぼ役立たずになるはずでありました。もしかりに、「利害」の渦巻く厳しい世界のなかで、改革の情熱――かつて共和主義そのものを生み出したところの情熱――そのものが姿を消したならば、です。しかしその共和政実現の可能性があるとしても、つねに不人気で党派根性を深める一方の寡頭制が前進するようでは、その可能性は見えてきません。

　この危機のあいだにクロムウェルがどのような行動をとったのか、その詳細をたどるすべをわたしたちはもっていません。しかし、かれが自分の考えを秘密にしようとしていなかったことは明らかです。かれは、一六五一年一一月の議会で、その会期を終えるという議決をしましたが、それはずっとあとの一六五四年一一月になってやっと実現しました。次の問題は、当然に新しい選挙と再編成のための全般的な作業をどのように調整すべきかということでした。国王派ジェントリと事態の推移に怒った長老派教職者たちが存在するなかですすめるには、この作業に強力な統制が必要であることはきわめて明らかなことでした。この統制を残部議会の少数者の手——つまり軍とは不仲で疎遠になっており、そのために審議機関としての迅速かつ秘密裡の行動がとれなくなってきている少数者の手——にゆだねるべきか、あるいは「恐怖《おそれ》と希望」の人物、つまり軍と心がひとつとなっているひとりの人物の手にゆだねるべきか、ここが問題でありました。そして一六五一年の暮れに、クロムウェルは議会の幹部と軍士官たちを召集して開いた会合において、この問題を話題にしています。しかし、その時点になっても、一六四八年の時点と同様に、両者が了解しあうことはできませんでした。議会の有力な法律家たちはおおむねひとりの人物に統治をゆだねることに賛成でした。セント・ジョンのみが、このひとりの人物がだれであるかについて、クロムウェルと共通の見解をもっていたようです。ホワイトロックは、グロスター公爵による王政の回復を願っていました。軍の熱狂的な兵士にとっては、王政自体がキリストにたいする冒瀆《ぼうとく》でしたから、かれらは、キリストが聖徒たちの王国を早急に回復することを期待していました。残部議会内の共和主義者たちは、ヴェニスの政治制度を模範として、自分たちによる恒常的な主要機関を確立し、空席が生じたときにのみ議員を補充していくことを望んでいました。

　一六五二年は、このようなやっかみやもろもろの見解の対立でゆきづまりの状態のうちに過ぎました。わずかに活力が見いだされたのは、オランダ戦争を遂行したことと、スコットランドと和解したことだけでした。クロムウェルの王政の回復を願う考えは周知のことでした。ある日、クロムウェルが議論のなかでマーティン氏をふと「ハリー卿」と呼んだとき、マーティンはクロムウェルの話の腰を折って、深々とお辞儀をしてかれに、「陛下、あなたが王となられた暁には、わたくしに騎士爵をお与えくださるものとたえず期待しております」と述べました。しかしクロムウェルは、議会を完全に手中におさめていましたので、議会と不和になることはもっとも望んではいなかったことは明らかであります。もし議会の指導者たちが、自分たちの弱点を認めたうえで自分たちの信条を正面にださずに、クロムウェルに一時的な独裁権を与えたならば、かれのみがそれまでしてきたように、軍と議会との良好な関係を保ち、合憲的に国家の安定のために議会と手をたずさえていったでしょう。実際クロムウェルが可能なかぎり軍の不満を抑えていたことを示す証拠があります。ランバートの慢心にたいして、残部議会は激しく立ち向かい、ランバートのせわしなく変わる考えは、誤解のもととなりました。ハリソンは、「第五王国」を立ち上げることを切に望んでいました。クロムウェルがのちに述べているように、軍の聖徒たちは、「議会は、よき人びとの手とはたらきによって開催されているのに、その感謝の気持ちをすっかり忘れてしまっている」ことに気づいていました。「法の改革については、多くのすばらしい言葉が語られておりますが、『抵当権』という一語をきめるのに何か月もかかりました」とクロムウェルは付け加えています。[☆11]

一六五三年のはじめには、ヘンリ・ヴェイン卿は、それまでブレイクでの戦いを勝利に導くために手はずを整えていましたが、かれがとくに恐れていた軍部支配の危険性について敏感になり、そのため新議会を設けるための法案を通すことを急ぎました。そしてこの法案をめぐって、ヴェインとクロムウェルとのあいだで決定的な決裂が生じてしまいました。この法案の主要な内容は、一六四七年から四八年までの政治不安のなかで、軍と平等派がだした請願書の内容と対応しています。それによると、議会は四〇〇名の議員から構成されること、議員数は諸州の富裕度と人口数にもとづいて割り当てられること、各都市においては家長の払う地代を一定のものにすること、各州においては借地人をしめだすような財産資格は制限されること、その下限値は、自由土地保有者は四〇シリング以上、土地謄本保有者は五ポンド以上、定期貸借者は年収二〇ポンド以上というものでした。この配分と資格の体系はのちにクロムウェルによって採用されましたが、財産資格についてだけは、不動産であれ動産であれ、二〇〇ポンド台というきわめて高額なものでした。この法案にたいしてクロムウェルが反対したのは、既存議員は再選挙されずとも議席が与えられる権利をもつという点と、既存議員に新議員の資格を判断する権利を与えるという点でした。別の言葉でいえば、この法案は、改革を統制するために残部議会に多方面の独裁権をもたせようとしたものだったからです。そこでこれにたいして、クロムウェルはみずからの構想を対案として提出しました。それは議会の再編成のために名士たちの集会を特別に召集し編成を委託するというものでした。この構想は、「第五王国」派や共和主義の軍士官の要求を満たすものであると同時に、かれ自身の独裁権をおおい隠すものとして意図されたものであったということが容易に読み取れます。このさいクロムウェルは例のごときわめて明快な態度で行動しています。かれは、四月一九日に、議会議員と軍士官を集めて、かれの宿舎で会合をもち、議会を即刻解散することと名士の集会の必要性を力説しています。軍人以外でクロムウェルを支持したのは、セント・ジョンのみでした。これについてクロムウェル自身は、ヴェインの法案は推し進められるべきではないという理解で会合は一致し閉じられたと説明しています。翌朝その会合は再開されましたが、ほんのわずかの「議員」しか出席せず、出席したひとりにホワイトロックがいました。その会合の経過はホワイトロックの次の言葉にたいへんよく言い表わされています。「クロムウェルは、議会が開催され、そのもっとも名誉ある解散の仕方としては、自分たち自身で閉会することを議員たちが願っていることを、この議論のなかで知りました。そこでクロムウェルは会合を中断しましたが、そのとき議員たちはかれをかれの宿舎にのこして立ち去り、議会へもどりました。そのとき議会ではある法案を討議中で、そのためには別の会議が必要とされ、それは会期の延長を意味するものでした[☆12]」。この法案はヴェインの提出した法案であり、かれはその法案を最終段階までに推し進めており、クロムウェルにしてみれば、それは前夜の約束を反故にしたものでした。インゴールズビー大佐によって、議会でなにが議論されているかが伝えられたとき、クロムウェルは、「議会はただちに閉会するだろうと期待していたので激怒しました。かれは数人の士官に、一隊の兵士を連れてくるように命じ、クロムウェルはかれらとともに議事堂へやってきました」。そのあとの話はよく知られていますので、繰り返す必要はないでしょう。そのさい、クロムウェルは即座に兵士たちを中に入れたのではなく、「ただいまから法案が可決されます」という動議が議長によって発せられたときまで、かれは自分の議席に静かに座っていたことがわかっています。そのとき、すなわち法の名の下に終身制の寡頭制の制定を阻止することができる最後の瞬間に、かれは激しい口調で演説をし、そののち兵士たちを議場に呼び入れたのです。この難局におけるクロムウェルの行動は、かれの公的生活において一貫しているように、かれの言葉とまさしく一致しています。かれは、戦いのときと同様に、議会の中でも、セクトの人びとが信奉していた「霊に仕えること」を重んじました。かれは、突然の霊感をその導き手として信じ、できごとの必然性を説明しました。ダンバーの戦いで、レズリーの隊列にみだれができた一瞬の隙《すき》を突いて、「神の霊が自分に強く臨み」、クロムウェルはいまや生身の人間であることなど躊躇することなく、決定的な追撃を加えました。そして残部議会の解散がもはや避けられなくなったことは、議会が支持母体である軍から離れ、軍の要求を拒否しようとした時点において明らかとなりました。クロムウェルがつねに主張していたように、軍は議会と同等の合法的な権威そのものであり、それどころか議会よりもはるかに強い権威をもつ人びとの代表でした。クロムウェルが議員たちを追い出し、ドアに錠をかけたときの乱暴なやり方は、ホワイトロックによれば、「クロムウェルの無鉄砲さのうちでも恥ずべきもののひとつ」であり、かれの生きざまのうちでも他に例のないものでした。そしてこのことは、のちにクロムウェルが共和主義者と和解をはかるうえで関係をむずかしいものにしたことは間違いありません。それについてクロムウェルは、「わたくしの感情や情熱がわたくしの理性に打ち勝つとき、わたくしは向こう見ずな行動に走ることを知っております」と私信のなかで明白に説明しています。クロムウェルは、大いに躊躇したのちに、危険がともなうことがわかっているある決定的な行為をとろうとするときに、それは以前から知られていたことですが、平常ならば抑制できることも、ときには荒々しい感情のおもむくままに行動してしまうという、かれの性格における奇異な特性があります。チャールズの死刑執行令状に署名するさいのかれの行動にも同様の特徴が見られました。

　クロムウェルはいまや、残部議会が解決できなかった問題と取り組まなければなりませんでした。神の民は、自分たちのおかれた状態から救済される必要があり、この世界もかれらにふさわしい住処《すみか》となるように、改革され調整される必要がありました。しかしこれまでの講義でも示してきましたように、この課題の解決は、その性質上見込みのないものでした。聖徒たちの主張は、誤解にもとづいたものであると同時に、自己矛盾も起こしていることがありました。その主張が誤解にもとづいたものであったというのは、かれらが無視しようとしていた世俗世界にもかれらの世界と同様の神聖な権利があったからです。またかれらの主張が自己矛盾を起こしていたと言いますのは、きわめて急進的である者のなかでさえ、みずからの主張を絶対化し、他の主張を敵対視する者さえでてくる始末であったからです。「そのことがわれわれの争いをむなしいものにしております。それぞれのセクトが『どうかわれらに自由を』と言います。

しかし自由を与えると、かれらは、全力をあげてその自由を自分だけのものにしようとするのです[☆13]」。にもかかわらず、クロムウェルの努力がまったく無駄であったとは言えません。五年ものあいだ、問題の解決策を探りつづけたかれの情熱と統率力、そのうえ「偽善」とさえ誤解されるまでに徹底したかれの同情心――しかし、これあればこそ、かれが急進派の人びとの熱狂主義に失望したときでさえ、かれらの心をつかみつづけることができたのでしたが――とこうしたかれの生き方によって、少なくとも聖徒たちとこの世とのあいだに平穏が保たれ、良心の自由が確保され、高位聖職者の反動的な圧力も良心の自由を押さえつけることはできませんでした。しかしクロムウェルは、一方では聖徒たちの利益を守りながらも、かれらの主張を抑圧せざるをえなくなっていきました。かれが晩年にとらざるをえなかった政策は、聖徒たちとしだいに距離をおき、旧体制の利益をはかるということでした。

　残部議会を解散しても、行政上の混乱はまったく起こりませんでした。クロムウェルは、軍士官たちの会議において総司令官として、すべての役人に自分の仕事を続けるように命じ、また名士たちを集めて法を制定する権限をもつ会議体を構成しました。この変更は、おおむねピューリタンの考えに合ったものでした。クロムウェルは、「わたくしは議会の解散がどういう意味をもつか他の誰よりもわかっていたと議会に伝えました。なぜならこれまでわたくしは各地方を訪れることが多かったので、議員のなかで国民に嫌われるような人物はどういうタイプの人であるかを知る機会が多かったからです。議会が解散されても犬のように吠え立てることもなく、不満をあらわにすることもないだろうということが、わたくしにはわかっていたのです」[14]とのちに述べています。あらゆる地方から寄せられた、解散を称讃する言葉は、クロムウェルの発言がきわめて正しかったことを示しています。そしてクロムウェルが頭を悩ましたことは、共和主義者のローマ的共和主義ではなく、いまはその情熱の火がくすぶっている第五王国派の者たちにたいしてでした。なぜならクロムウェルは紛争解決のためには第五王国派と決裂せざるをえなかったからです。このことはすぐに名士による会議において明らかになりました。かれらは、執行評議会を選出し、クロムウェルはその評議員となりました。それから五か月間はなにごともなく過ぎました。その後、軍司令官ハリソンを代表とする第五王国派は、「スクイブなる人物の家」でハリソンと会見した再洗礼派の牧師たちの激励をうけ、第五王国派の熱狂ぶりは手に負えないものとなりました。かれらは、十分の一税や大法官裁判所の廃止を求め、また「聖書を自由に解釈して」個々人の知恵に従って統治することができるようにモーセの律法の制定を要求し、「牧師と官僚」との対立を深めました[15]。この事態が、名士の会議の解散を余儀なくさせました。解散がクロムウェルの圧力によったものであったかどうかは不明ですが、かれがそれをよしとしたであろうことはたしかだと思います。それ以来、人びとが当然受けるべき権利、また確立されてきた公共の利益は維持されるべきであることを、かれは人びとに明確に知らせました。その数日後に、国務会議はかれに「統治章典」を提出しました。その内容は、護国卿《プロテクター》政権と自由な議会を確立するというものでした。自由な議会とは、アイアトン、ヴェイン、クロムウェル自身の当初の構想によるものです。クロムウェルはこの「統治章典」をもとに四年間統治し、その後かれの第二議会で採決された「請願と助言」が「統治章典」に取って代わりました。この内容は政治体制を実質的に変えるものではありませんが、それ以降の議会制の基盤となりました。

護国卿政権は、少なくとも事態を安定させるという大きな目的にきわめて忠実なものでなければならず、またそれがいかに専制的なものであろうともその専制は誠意あふれるものでなければなりませんでした。それは、公的な役職や機関に見られるごまかし——近代の独裁制がお手のものとするごまかし——はいっさいありませんでした。クロムウェルの三つの計画、すなわち許容範囲内での革命前の政治体制の回復、法の改革、「信仰篤い人びとの権益」の保護は、実際のところ相互に矛盾していました。革命前の政治体制への回復は、王制の復活なしには不可能でしたし、王制を復活させることは、聖徒たちの王制への従属を意味しました。一方、政治体制の基盤がないところで法を改革しても、それはひとりの人物の垂らす細い糸にのみぶら下がっているようなものでした。しかしながら、憲法を制定して統治しようとするクロムウェルの努力は、純粋なものであり、一貫していました。かれがつねに重要なものとして強調していた二つの条件は、護国卿の統治権と、良心の自由の保持でした。護国卿政権を放棄すればすぐさま、「自分は葬り去られ、汚名をかぶせられるであろう」し、また真の国民代表者としての軍隊こそが、主教派や長老派よりも良心の自由を重視し、そのために血を流してきたのだと、かれはつねづね言っていました。軍隊を放棄することは、かれがもっとも尊び信頼しているものを冒瀆《ぼうとく》することであったでしょう。かれは、これら二つを条件にして、それ以外のことは議会にまかせようとしました。しかし、まず少数派の共和主義者たちが、次に多数派の長老派が同意しようとはしませんでした。かれの第一議会では、ソッツィーニ主義者のビドルが投獄され、第二議会では、貧民の出であるクエイカーのジェイムズ・ネイラーが危うく火刑に処されるところでしたが、最終的には火刑は免れ、さらし台の上で舌に穴を開けられました。これら両方の案件についてクロムウェルは反対しましたが、かれが議会と決定的に決裂したのは、ひとりの人物による統治の可否を議論せよと議会両院が主張したことにあります。国王派の謀略によりチャールズ・ステュワートの名において、「下賤の徒オリヴァ・クロムウェル」を暗殺すべしとする声明文が出され、またユダ族の旗のもと、「王イエス」のために戦わんとして第五王国派が結集する事態に直面して、両院の動きを座視することは「すべてをふたたび流血状態へと逆行させること」を意味していたと言えるでしょう。

　このようにしてクロムウェルは、国務会議の法令によって法改革をおこない、また宗教問題を解決せざるをえませんでした。これらの法令の大部分は、かれの第二議会によって承認されました。こうしてクロムウェルは大法官府を改革し、法手続きを簡略化したのです。教会にかんしては以前に説明しましたように、神学者会議の解散以来、正式な制度はなく、教会禄を得るための唯一公認された方法は、長老派による任職でした。もっともすべての者がこの方法によったわけではありませんが。クロムウェルはこれを、任職委員会に代えました。この委員会は長老派、独立派、バプテスト派の説教者の代表からなり、さらに若干名の信徒もふくむものでした。十分の一税を要求するには、この委員会の承認が必要でしたが、その権限は各州の下位委員会に委託されていたようです。そのほか、「不道徳で、無知な、その職に適さない牧師を見つけて排除する」ために州委員会が設置されました。[★6]そして教会財産をより公正に分配するための法令が、教会改革を完成させたのでした。

この教会改革は寛大に遂行され、主教制の「継承」――それにはクロムウェルは不同意でした――を主張する者を除いて、これまで以上に門戸は開放されました。バクスターの考える主教主義者[★7]とアルミニウス主義者は、他の者たちよりも任職の執行がきびしく取り扱われたことがあったとしても、いまでは教会禄を得る道が開かれたのです。高位聖職者でさえ陰謀にかかわらないかぎりは、会衆を集め「共通祈禱書」を用いて礼拝することが許されました。長老主義体制下では、このようなことは考えられないことでした。クロムウェルが全体的に調整をはかって、宗教改革と聖徒たちに忠実であったことは、バクスターとバーネットが実際に目撃した証言がそのもっともよい証拠です。両者とも王制支持者であり、バクスターは少なくとも個人的にはクロムウェルに友好的な感情をもっていませんでしたが。

クロムウェルが合理的な統治の制度のなかに組み込んだいくつかの要素がままならなくなったことは、かれの死においてあきらかとなりました。この講義には時間的制約もありまして、ここでは王政復古にいたるまでの過程を詳細にたどることはできません。ともかくしばらくのあいだ、フリートウッドやランバート率いる、クロムウェルが最後まで掌握していた士官たちと、リチャード・クロムウェルを支持したサーロウやホワイトロックらのような文字通りの政治家たちからなる追従《ついしょう》派と、ヴェインやスコット率いる共和主義者のあいだでの三つどもえの争いが続きました。フリートウッドの鳴りをひそめていた熱狂が、ふたたび神の恩寵の支配を求める熱意となってわき起こりました。かれは、クロムウェルが遠隔地に配置していた士官たちがロンドンに集まり、激した聖職者たちと共謀するに任せました。ヘンリ・クロムウェルは、アイルランドからこの状況を見て、これから起こることを察し、クロムウェルの息子として当然のことですが、フリートウッドに忠告しています。しかしフリートウッドはそのような忠告に聞く耳をもたず、共和主義者と結託して、ついにリチャード・クロムウェルを失脚させ、残部議会を復活させました。もっとも、共和主義者は、一六四八年ほどにはためらわずに兵士たちを支持しましたが、かれらへの同調は長くは続きませんでした。残部議会は危険人物と判断した士官たちをただちに免職しました。そしてその後、熱狂主義者たちを排除した軍隊を引き連れてスコットランドからロンドンに進軍していた司令官マンクの要請によって、その士官たちの連隊はロンドン市外へ移されました。状況はいまやマンクの指揮下にありました。いまもなおほとんどの教会の説教壇を占めていた長老派は、自分たちの要求をふたたび主張しはじめ、信念を欠く人物マンクは、かれらと組んで強力な党派を形成しました。クエイカーとセクトを抑圧する法令をつぎつぎと決議したのち、かれらはチャールズ二世のまことしやかな約束に耳を傾け、すでにカトリックに改宗していた王と、長老主義教会は紳士階級の宗教ではないと強く確信していた宮廷に身を託しました。

このようにして、霊的な自由を実現するという情熱を現実化する冒険的な企ては、一見したところ大失敗に終わりました。革命の唯一の成果は、封建制が絶対王制に移行することを阻止し、ウィリアム三世の死後イングランドを支配してきた封建制のもとで、ブルジョアジーへの道を準備したにすぎないように見えるかもしれません。しかし、これは表面的な見方にすぎません。ピューリタニズムの短期間の勝利は、イングランドに二つの明白な利益をもたらしました。ひとつは、イングランドにおけるカトリックからの反動を食い止めたこと。もうひとつは、「非国教徒集団」をつくりだしたことです。それは、ロード的な狂信的聖職尊重主義から、近代イングランド教会の私欲に走り上品ぶった聖職尊重主義への取るに足らない変化にすぎないと思えるかもしれません。しかし、一五年間クロムウェルの剣に守られて分派教会がめざましく発展したことは、どのような反動勢力といえども抑圧することのできない永続的な力を分派教会に与えました。それ以来、分派教会はイングランドの政治生活における偉大な源泉となってきたのです。しかもクロムウェルとヴェインが人びとを息づかせた高貴な情熱は、たんにピューリタンたちやイングランド一国にとどまるものではありませんでした。その高貴な情熱は、忘我、神秘主義、静寂主義、哲学のかたちをとって、この世の肉的な物欲とは永久に相容れない普遍的な霊的力となりました。ただ、その霊的力はこの世の肉的物欲をいっとき制しても、またすぐにそれに屈してしまうことがあるのです。しかし結局は肉的な物欲を打ち負かし変容させて、普遍的な霊的力のために仕えさせることになるのです。「死とは」とヴェインは断頭台で言いました。「たいしたことばではありませんが、死ぬとはたいへんな仕事です」。このようにかれ自身の情熱の死はそのよみがえりの準備となりました。かれの情熱の種子はかれの感情の弱き土壌にまかれましたが、その種子は強き知的理解力のかたちでよみがえるのであります。かれはまた言いました。「イングランドの民衆は長いあいだ眠りつづけてきました。しかし、目覚めるときには飢えを感じることは必然です」。民衆は、その後さらに二百年を眠ってきた、と言えるでしょう。かれらが目覚めて飢えを感じるとすれば、求める糧は、かれが世の盲目と虚弱に出遭って出し切れなかった理想のなかにこそ見出されることでしょう。その理想はかれ自身さえ、生前夢想だにしなかった哲学のおかげで、いま明瞭なかたちをとり、成熟するにいたったのです。

原註

☆1　ホワイトロック『回想録』第二巻、一六二頁。
☆2　カーライル『クロムウェルの書簡と演説集』第六七書簡。
☆3　カーライル、前掲書、第六四書簡。
☆4　カーライル、前掲書、第八五書簡。

☆5　ホワイトロック、前掲書、第二巻、五四〇頁。

☆6　カーライル、前掲書、第一〇五書簡。

☆7　ホワイトロック、前掲書、一二三頁。

☆8　カーライル、前掲書、第一三六書簡。

☆9　カーライル、前掲書、第一四〇書簡。

☆10　ホワイトロック、前掲書、第三巻、三七一頁。

☆11　カーライル、前掲書、演説一。

☆12　ホワイトロック、前掲書、第四巻、四頁。

☆13　カーライル、前掲書、第三演説。

☆14　カーライル、前掲書、第三演説。

☆15　カーライル、前掲書、第一三演説。

訳註

★1　フェアファクスら独立派軍幹部が提出した「提案要綱」（A Representation from his Excellencie Sir Thomas Fairfax and the Army）を指す。

★2　新約聖書「マルコによる福音書」第二章第二一節からの引用。

★3　旧約聖書「ヨシュア記」に詳しく描かれている。

★4　旧約聖書「詩篇」第一一〇篇第二―三節からの引用。

★5　ミルトン「ソネット」一六番からの引用。

★6　「聖職資格はく奪委員会」を指す。

★7　修正主教制を指す。

解説　「イギリス革命」再考

一

トマス・ヒル・グリーンの『イギリス革命講義』と題したこの論文は、グリーン（一八三六―一八八二年、オクスフォード大学トリニティ・コレッジの道徳哲学教授）が三一歳のときに「エジンバラ哲学協会」においておこなった四回にわたる講義（一八六七年末から六八年一月。副題は「イギリスの共和国《コモンウェルス》」であるが、本訳書では内容からみて「クロムウェルの共和国」とした）の全訳である。

グリーンと言えば日本ではほとんど無名に近いが、近代民主主義思想史上では、ホッブズ、ハリントン、ロックが一七世紀、スミス、ベンサム、ペインが一八世紀、ラスキ、カーが二〇世紀を代表するイギリスの生んだ大思想家だったとすれば、グリーンはミル、スペンサーのあとを継ぐ、一九世紀イギリスが世界に誇る第一級の思想家である。その理由は、「一五年戦争」の始まる直前の昭和五年（一九三〇年）に、迫りくるファシズムと軍国主義に抗して河合栄治郎（一八九一―一九四四年、東京大学教授）が、名著『トマス・ヒル・グリーンの思想體系（上）・（下）』のなかで述べていたように、グリーンの政治・社会思想は、第二次世界大戦後の現代世界のほとんどの国家が目標とし、その実現化をはかっている「福祉国家」の理論的根拠を、世界史上初めて、他国の思想家たちよりも七〇年以上もまえに明らかにしたものであったからである。

ではなぜグリーンは、そのような理論化が可能であったのか。それはグリーンが社会的弱者を擁護するために、被抑圧者の立場から、かれの政治・社会思想を構築していったことによる。ではかれは、どこからそうした「自由と平等」の保障が第一義的に重要であるという思想を学んだのであろうか。結論的に言えば、グリーンはそうした思想的立場を、一七世紀の「ピューリタン革命」の歴史と思想の研究を通じて獲得していったと考えてよい。

この講義の一年後（一八六九年一〇月）に、グリーンは『北英評論』において「人生にかんする当代流行の哲学」を発表し、その冒頭で「もはやミル、スペンサーは時代遅れとなった」と喝破し、一躍時代の寵児となった。ここでグリーンは、ロック、ヒューム以来の経験論を受け継いだミル、スペンサーの唱える個人自由とその権利の保障を絶対的なものとして求める古典的な自由主義的政治・社会思想――もっともミルは労働者の団結する権利の重要性を『自由論』（一八五九年）で指摘していたが――だけでは、新しい福祉国家思想への転換が困難であることを鋭く見抜き、「公共・全体の利益のためには個人自由の制限もありうる」という新自由主義《ニュー・リベラリズム》（社会権的考え）を提起し、イギリスにおける福祉国家実現への道を切り拓いた（それを受けて自由主義の中心思想としての経済的自由主義に固執していたイギリス自由党も、一八九一年のニューキャッスル党大会で福祉国家へ向けての政策転換をおこなった)。

ところで、イギリスの人文・社会科学系学術世界では、重大な「時代的転形期」や「危機の時代」には必ず、近代国家形成の起点となった一七世紀市民革命期の思想や歴史研究に立ちもどって新しい理論を組み立てている。一八世紀末のアメリカ独立戦争やフランス革命期には、左派(ペイン)が「ピューリタン革命」(一六四〇―六〇年)を、右派(バーク)が「名誉革命」(一六八八年)を根拠にして、それぞれの政治的立場の正当性を主張した(この点については、拙稿「近・現代思想の架橋者トマス・ペイン――自然権・自然法思想と福祉国家観との接合」(マーク・フィルプ著、田中浩・梅田百合香訳『トマス・ペイン――国際派革命知識人の生涯』未來社、二〇〇七年)を参照されたい)。しかし、一九世紀末の労使間のきびしい階級対立の時代になると、思想家たちはもはや、地主階層と産業資本家層の妥協的産物としての名誉革命にではなく、自由と平等の本質を徹底的に追求した、それ故にそれまではとかく危険思想として異端視されていたピューリタニズム(独立派や平等派《レベラーズ》などの政治思想の基礎)が、近代民主主義思想への道を切り拓いた変革思想であるとして再認識してきたものと思われる。グリーンが「ピューリタン革命」の指導者クロムウェル(一五九九―一六五八年)や革命派議会人ヘンリ・ヴェイン(一六一三―六二年)のピューリタニズムから政治変革の理論や社会思想を学ぼうとしたのは至極当然のことであったろう。

こうした傾向は一九世紀末にはイギリス歴史学界の泰斗でかつ自由党所属の国会議員でもあったG・P・グーチ(一八七三―一九六八年)が若き日に大著『一七世紀におけるイギリス民主主義

思想史』（一八九八年）を書き、グリーンと同様に「ピューリタン革命」の思想と歴史に注目して研究していたことからも証明されよう。そして、かかる研究方法は、二〇世紀に、ファシズムが台頭した「危機の時代」（一九一九―三九年）において、その世紀最大の政治学者ハロルド・ラスキ（一八九三―一九五〇年、ロンドン大学教授）にも踏襲されていた。ラスキはその研究の出発点において、国家権力と個人自由をめぐる政治学の根本問題を明らかにするために研究対象を一七世紀の近代国家形成時点に定め、『主権の問題』（一九一七年）、『近代国家における権威』（一九一九年）、『主権の基礎』（一九一九年）、『暴君にたいする自由の擁護』（ユニウス・ブルトゥスの名で刊行された書物〔一五七九年〕の英訳、一九二四年、フランスの外交官ランゲ〔一五一八―八一年〕の作とされるが、実は、ユグノー派の指導者モルネ〔一五四九―一六二三年〕の作とみなされる）などを次々に発表している。また伊・独・日などにファシズムが台頭してきた時期には『近代国家における自由』（一九三〇年）、『危機に立つ民主主義』（一九三三年）、『国家』（一九三五年）などのマルクス主義に接近した著作を発表しているが、これらの研究はすべて青年時代におけるラスキの「ピューリタン革命」研究に基礎をおいたものであったことはいうまでもない。

にもかかわらず、日本のイギリス革命研究のなかではもとよりのこと、イギリスにおいても、グリーンの『イギリス革命講義』についてほとんど言及がないのはまことに不思議なことと言わざるをえない。なぜならグリーンの本書こそ、一七世紀以来の長い長いイギリス革命史研究のなかで、ピューリタニズム諸派や平等派やディガーズなどの急進思想と運動の意義を初めて正しく位置づけた画期的な研究であったと思われるからである。

二

大変奇妙なことだが、私は八〇歳の半ばに達する長い人生のうちの決定的な時点で三度《みたび》、トマス・ヒル・グリーンと出会っている。

第一は、敗戦からほど遠くない一九四六年（昭和二一年）の春に、陸軍経理学校から旧制佐賀高等学校文科乙類へ入り直した二年次の秋頃、「人生なにを為すべきか」を人並みにあれこれ悩んでいたとき。

第二は、一九六九年から一九七〇年（昭和四四―四五年）にかけて、全世界的に、「戦後資本主義」の生みだした公害、汚職その他さまざまな諸矛盾が噴出し、「民主主義とはなにか」を問い直す「怒れる若者たち」によるいわゆる「大学闘争」が日本においても全国的に吹き荒れたとき。これ以後、一九八九年の「冷戦終結宣言」まで世界の歴史は深く静かにかつ確実に変化していく。それは今度は、「社会主義社会」におけるスターリン型体制への反抗として現われたが、この時点では、その状況の意味するものはまだ人びとの眼にははっきりとは見えていない。しかし、この世界的規模の「大学闘争」が、二〇年後の「冷戦終結宣言」・「東欧革命」、「ソ連邦の解体」などの戦後世界における決定的な転換点を予示していたものであったことはまちがいない。

第三は、私が二〇〇二年（平成一四年）に聖学院大学に客員教授として招かれ（二〇〇七年からは大学院教授）、二〇〇四年秋頃から「日本ピューリタニズム学会」の創設（二〇〇六年）にかかわるようになったとき。

ところで先述の「大学闘争」時代に私は、学生の問題提起に刺激されて、二〇世紀現代の研究――一つは「危機の二〇年」時代の歴史・思想研究（カール・シュミットとファシズム、長谷川如是閑と大正デモクラシー）、もう一つは戦後日本政治、戦後世界政治の研究――に「研究の軸足」を移し、以後三〇年間ほど、大学卒業以来続けてきたイギリス革命研究から身を退《ひ》いていた（もっともホッブズ研究だけは続けてはいたが。『ホッブズ研究序説』（御茶の水書房、一九八二年）、J・W・N・ワトキンス『ホッブズ――その思想体系』（高野清弘と共訳、未來社、一九八八年）、R・タック『トマス・ホッブズ』（重森臣広と共訳、未來社、一九九五年）、『ホッブズ』（研究社出版、一九九八年）、T・ホッブズ『哲学者と法学徒との対話――イングランドのコモン・ローをめぐる』（新井明、重森臣広と共訳、岩波文庫、二〇〇二年）、『ホッブズ――人と思想』（清水書院、二〇〇六年））。しかし、「日本ピューリタニズム学会」のお手伝いをし、多くの若い研究者たちとの交流を通じて、しだいにイギリス革命研究への関心を取り戻すようになった。したがって今回のグリーンの訳書は、私のイギリス革命研究復帰第一作と考えていただきたい。ここでも私はグリーンのおかげで人生最後の楽しみを供与されたことになる。では、グリーンと私とのそれぞれの時期における思想的出会いとはどのようなものであったか。

敗戦直後の日本は、当然のことながら政治的にも経済的にも思想的にも大混乱期にあった。当時の旧制高校生、旧制専門学校生（現在は大学に昇格）、旧制大学生の大半は、廃墟と化した母国日本をどのように建て直せばよいか、またこれまでの封建主義的国家の政治・社会体制をどのようにして近代化し、民主化すればよいかという課題に取り組んでいた。「問題意識はなにか」。これが当時の学生間の合言葉であった。私もそうした学生の一人であったが、戦前に国家主義・軍国主義教育だけをたたき込まれてきた身にとっては「日本をどうすべきか」といった課題も目標も皆目見当がつかず、個人主義、自由主義、民主主義、社会主義などのイロハから学ぶ必要を痛感した。当時新しく登場してきた「基本的人権」や「法の支配」にかんする思想や理論的内容などについてはまったく無知であった。

そんなとき一九四七年（昭和二二年）の秋、敗戦から五ヵ月後の一九四六年一月に天皇制国家主義の憑依から私を解放してくれた――これにより私は、民主主義を学ぶために旧制高校への再入学を決意した――『自由主義の擁護』の著者、河合栄治郎の『トマス・ヒル・グリーンの思想體系』（一九三〇年（昭和五年））をなじみの古本屋の一隅で見つけた。当時は社会主義・共産主義思想全盛の時代であったから、青年たちのあいだでは自由主義はもはやオールド・リベラリズムとしてほとんど興味の対象から除外されていたが、なぜか高価な値段がつけられていた。しかし私は国家主義から民主主義へと転向させてくれた河合氏の思想が忘れ難く古本屋の主人と交渉して——自由主義はもはや古いという理由をあげたように思う——半額以下で入手した。なんともむずかしそうな、それよりもなによりもあまりにも大部のハードカバーの著書を手にして、最初はとっつきにくかったがひとたびその書を読み始めたとき、河合さんの流麗な文章にもひきずり込まれ、自由主義思想の成立過程、自由民主主義《リベラル・デモクラシー》から社会民主主義《ソーシャル・デモクラシー》への発展のダイナミズムなどの思想史の面白さにすっかり魅了されてしまった。そんななかで河合さん一流のグリーン思想の本質を簡潔に表明した次の言葉、「自由ならんとし、事物を理解せんとして、人生を味わい楽しむこと、これが近代精神の要求である」というフレーズに私はとりこになり、それが大げさに言えば、私の一生の方向を定めることになった。

河合氏によれば、「自由ならんとし」とは社会改良のための情熱であり、「事物を理解せんとし」とは社会改良のためには科学的・実証的・歴史的・思想的な研究をせよ、ということである。また「人生を味わい楽しむこと」とは芸術愛好の精神だと河合氏は説明しているが、私はそれにすべての人が自由で平和で安全な生活を享受できることを保障すべしという意味を勝手に付け加えていた。

三

そして、こうしたグリーンの三原則を実現するためには、現代世界を成り立たせている思想や歴史、政治・経済・社会構造を知る必要があり、そうした研究を通じて普遍的・原理的なものの考え方を把握し身につけるべきではないかと思った。グリーンは哲学からその研究を始めたが、イギリス哲学の特質とも言うべき、政治・経済・社会・歴史を総合的に研究する方法に従って、「転形期の哲学者」にふさわしい、政治・社会思想、公共政治哲学や社会権的考え方を提起することができたように思えた。こうして私は、グリーンのような哲学的方法を学ぶために戦時中「自由主義の灯火《ともしび》」を細々ながら守り続けたと言われる務台理作、下村寅太郎両教授のおられる東京文理科大学の哲学科を選択することにした。

しかし、大学に入ってからは、私はいきなりグリーンを研究することはしなかった。グリーンに導かれて大学に入ったことは事実だが、私はグリーンだけを研究するために入ったのではなかったからである。私の最大の関心事は現代世界の原点となる思想や理論や歴史を研究することにあり、そのためにはまず近代国家・近代社会を史上最初に作った二つのイギリス市民革命――ピューリタン革命と名誉革命――のうち、まずピューリタン革命の研究から始め、思想家としては近代思想の古典中の古典といわれるトマス・ホッブズの政治思想を研究すべきだと思った。当時の私は、右も左もわからない一介の学生に過ぎなかったが、ホッブズ研究の出発時点より、日本におけるホッブズ研究の先駆者である太田可夫《よしお》（一橋大学教授）、水田洋（名古屋大学助教授）、福田歓一（東京大学助教授）の三先生に懇切丁寧に指導していただいたことはまことに幸運であった。また卒論テーマは、ホッブズの自然法論とエピクロスの哲学との関係を論じたものであったが、これについては、京都大学教授の田中美知太郎、高田三郎、重松俊明の三先生に、一九五一年（昭和二六年）のひと夏を京都で過ごし御指導いただいた。そしてなによりも有難かったのは、戦後になっても日本の哲学界は依然としてドイツ哲学支配の時代であり、「ドイツ哲学にあらずんば哲学にあらず」という風潮（イギリス哲学が日本で市民権をえるのは、なんと一九七六年（昭和五一年）の「日本イギリス哲学会」の創立――私も創立者の一人に加えられたが――まで約三〇年間またなければならなかった）のなかで、私がホッブズを研究するという冒険的行為を快く許されまた力づけて下さった恩師の務台理作（東京教育大学学長）・下村寅太郎（東京教育大学名誉教授）の両先生にはいくら感謝しても感謝しきれるものではない。そして、私が大学卒業後最初に政治思想史の観点から書いた助手論文（「トマス・ホッブズのピューリタン革命観――絶対主権論の現実的意味」）の執筆にさいしては政治学・政治思想のイロハを学ぶために、三年間、いまでいう客員研究員として月に一度くらいの割合で本郷の研究室に参上し、政治学を御指導いただいた岡義武（東京大学法学部教授）先生にも心から感謝申し上げる。原書で一杯になった本棚に囲まれた小さな薄暗い研究室でいつも温顔をたたえておられた岡先生と対座した風景はいまでも忘れることができない。

ともかく、私は研究生活に入る学部学生のときからなんとぜいたくきわまりない先生方の御指導を受けることができたことか。また私はその後、大学闘争が始まるまでの約二〇年間近くピューリタン革命、ホッブズ研究に専念できたが、この間《かん》遠山茂樹、藤原彰、永原慶二、山口啓二、小松茂夫、阿利莫二、福島新吾、田村秀夫、田中正司、松浦高嶺、永岡薫、暉峻衆三、浜林正夫、松本三之介、升味準之輔、平井俊彦、武内幹敏、小島晋治、浅野栄一、松下圭一、大木英夫、板垣雄三、田口富久治、松沢弘陽、今井宏氏などの素晴らしい先輩や研究仲間たちと共同研究できたことはまことにラッキーな「天の配剤」をえたといわざるをえない。

四

先ほども述べたように、私は、一九六九年―七〇年（昭和四四―四五年）に約二二年ぶりにグリーンと再会している。当時は、歴代学部長補佐役として学生自治会の代表や委員たちと連日のように交渉を重ねていた。ここで感じたことは、それまでは、戦前日本の国家主義や軍国主義を糾弾していれば学生たちが目を輝かして聞いてくれていたのに、いまやかれらは、戦後民主主義を謳歌しそれに安住しかかっていた私たちを、「体制の擁護者として」痛烈に批判するようになっていたということであった。そのさいかれらは、われわれの行動を「日常性への埋没」として批判し、シュミットの「例外状態論」、「非合理主義の重要性」、「議会政治の欺瞞性」などの理論を用いて攻撃してきた。戦後民主主義は、英米仏系の思想を基礎にして、人間には理性があり、討論《ディベイト》をすれば必ず合理的な結論に達するという楽天主義によって議会制民主主義の思想と制度を正当化してきた。この近代民主主義の総本山である議会政治に学生たちは真正面から鉄鎚を打ち込み、「戦後民主主義は虚妄であった」と叫びながらわれわれに迫ってきたが、われわれは、これに十分に回答することができなかったのである。

こうして、私は、それまでファシズムの走狗として研究することを拒絶してきたカール・シュミット（一八八八—一九八五年）の政治学・政治思想を研究することになり、もう一つは「戦後民主主義は虚妄であった」と主張する学生諸君に答えるために、戦前日本でデモクラシーが最も発展したが、しかしわずか十数年間で「一五年戦争」が始まると崩壊してしまった「大正デモクラシー」およびその代表的思想家・ジャーナリストの長谷川如是閑を通じて、近代日本におけるデモクラシーの本質を研究してみる必要を痛感した（これらの研究は『長谷川如是閑研究序説』（未來社、一九八九年）、『カール・シュミット』（未來社、一九九二年）を参照されたい。また、シュミットの翻訳である『政治的なものの概念』『政治神学』『大統領の独裁』『合理性と正当性』『独裁』は一九七〇年から九一年にかけて原田武雄氏との共訳（未來社）がある。なおおそらく日本では最初に総合的に挑戦したと思うシュミットと如是閑の両研究にかんしては丸山眞男先生（東京大学教授）からさまざまな暖かい御教示をいただいた）。そして以後約三〇年間、私はイギリス革命研究の戦線から離脱し、二〇世紀現代世界の研究へと足を踏み入れることになる。（『近代日本と自由主義』（岩波書店、一九九三年）、『戦後日本政治史』（講談社学術文庫、一九九六年）、『戦後世界政治史』（講談社学術文庫、一九九九年）、『二〇世紀という時代』（NHKライブラリー、二〇〇〇年）、『日本リベラリズムの系譜』（朝日選書、二〇〇〇年））。

とはいえ、私はイギリス史研究からまったく手を引いていたわけではない。筑波移転反対闘争や大学闘争の真っ只中に巻き込まれて十分な研究もままならなかった私に西洋史研究の先輩方や同僚たちが暖かい手を差し伸べて励まして下さっていたからである。その一つの例が「イギリス史総合研究の会」編『イギリス議会政治体制の歴史的展開』（研究報告II）、一九七〇年五月の報告書に「転形期のイギリス革命観——トマス・ヒル・グリーンのクロムウェル評価との関連で」なる論文を私が執筆していることからもわかる。

この「イギリス史総合研究の会」は、一九六六年（昭和四一年）から七二年（昭和四七年）までの六年間にかけて、大野真弓（横浜市立大学）先生を代表者として形成された日本最大のイギリス史研究会で、二ヵ月に一度くらいの研究会、年に二度ほどの合宿研究会をおこなったまことに楽しい研究会であった。いまそのメンバーをあげると主力は東大西洋史学科の卒業生からなり、大野先生以下、藤田重行（東京都立大学）、別枝《べっき》達夫（成蹊大学）、鶴見卓三（千葉大学）、松本平治（岐阜大学）、中村英勝（御茶の水女子大学）、穂積重行（東京教育大学）、松浦高嶺（立教大学）、松村赳《たけし》（成城大学）、今井宏（東京女子大学）の諸教授、それに保坂栄一（青山学院大学）、森岡敬一郎（慶応大学）、米川伸一（一橋大学）の諸教授と田中浩（東京教育大学）が参加した研究集団であった。私は先ほど述べた理由から他校の先生方と異なりほとんど研究会に出席できなかったが、仲間の先生方は実に優しく遅れがちな私の原稿を忍耐強くおまちいただいた。

そしてそのさいの論文が、今回のグリーンの訳書、「イギリス革命講義」の紹介であるが、私がこのときなぜグリーンの「イギリス革命講義」を紹介したかはまったく記憶がない。ただ、いま言えることは、私は、「大学闘争期」を、「戦後民主改革」、「講和問題」、「第一次安保闘争」に次ぐ戦後日本政治の重大な転換期に当たる政治的事件として、それを転形期の思想家グリーンと重ね合わせていたからではないかと思われる。またこうした転形期をいかに切り抜けるべきかを知るためには、ピューリタン革命時代のクロムウェル共和国の実験が参考になると思っていたのではないか。それにしてもなぜグリーンのイギリス革命論なのか。これも記憶が定かでないが、はじめは「総合研究の会」の報告論文のために、グリーンの政治思想を分析・紹介してみようとしていたときに偶然にかれの「イギリス革命論」にぶつかり、急拠グリーンの「イギリス革命論」の紹介にテーマを切り換えたのではあるまいか。こうして私はおそらく日本最初のいや世界最初かも知れないグリーンの「イギリス革命論」を紹介する栄に浴したものと思われるが、当時日本の西洋史学会や政治学会でなんの反響もなかったことだけを指摘しておこう。しかし、私はグリーンのこの論文は、汗牛充棟ただならぬイギリス革命研究のなかでも、きわめてすぐれた重要な位置を占めるものであると確信していたので今回ここに翻訳することにした次第である（なお戦後社会科学の発展と私の研究の進展との関連については、拙著『思想学事始め——戦後社会科学形成史の一断面』（未來社、二〇〇六年）を参照されたい）。

五

今年（二〇一一年）六月一八日、私は「日本ピューリタニズム学会」（会長大木英夫）のシンポジウムII「ピューリタン革命再考」の司会をつとめた。報告者は岩井淳（静岡大学）「革命か内戦か——一七世紀から現在までの研究動向」、山田園子（広島大学）「トマス・ホッブズとイングランド内戦」、竹沢祐文（京都大学）「ハリントンが語らなかったこと、そして語ったこと——土地所有、君主政、内戦」の三氏。それぞれに熱のこもった報告を拝聴しながら私は改めて、イギリス革命とくにピューリタン革命の意義とその研究方法のありかたを再考する必要性があることを痛感した。

ところでイギリス革命史研究第一世代たちのあいだでは、私の知る限りでは、そもそもピューリタン革命は内戦か革命かという問題意識はなく、一七世紀イングランドにおけるこの一大政治事件（一六四〇—六〇年）は、まぎれもなく、この国の政治・経済・社会・思想に大きな変化をもたらした「革命」であったとの前提に立って、その結果が続く「名誉革命」体制を生みだし、さらにはその後のイギリス民主政治体制構築の基盤となったと直線的に考えられていたのである。

一七世紀当時には、マルクス主義的な階級間の権力交替を意味する「革命」という観念はなく、この政治事件で対決した敵・味方間では、革命派（議会派）を支持するハリントンのような思想家かあるいは中立的な思想家（ホッブズ）は、この革命をCivil War（内戦・内乱）、国王派を支持する思想家（クラレンドン）はRebellion or Great Rebellion（反乱・大反乱）と呼称していたように思われる。したがって、内戦とか革命とかいうタームが定まっていなかったときに、この政治的大事件に直接かかわった人びとやイデオローグたちがこの事件を内戦か革命かと考えることと自体ありえなかったのである。しかしこの事件が、最初は支配層間の政治的・経済的争いとして発生した内戦からやがて中産層や下層階級をも巻き込み、そのさい宗教問題も加わって——このことはヴェーバーが鋭く指摘しているようにとくに重要である——闘争が激化し、ついに一時期「国王不在」のクロムウェル「共和国」が現出した推移状況を、「内戦から革命へ」と規定することはできよう。そして、こうした規定は、一九二〇・三〇年代の「危機の二〇年」期に、歴史学界においてもマルクス主義的方法が導入されたときにおそらく生まれたのではないかと思われる。

それはともかくとして、近代イギリスにおける著名な哲学者・歴史家・政治学者たちはその取り上げ方はまちまちだが、それぞれの分野の研究をはじめるにあたって、まず一七世紀のピューリタン革命研究からはじめている。なぜならピューリタン革命こそが、イギリスの近代民主主義成立の原点であったからである。哲学者・政治学者であればホッブズ、ハリントン、クラレンドン、ロック、ヒューム、ペイン、バーク、カーライル、マコーリ、グーチ、ラスキなど、歴史家であればグリーン、ガードナー、ファース、トレヴェリアン、クリストファー・ヒルなどである。ここで興味深いのは一七世紀における革命史研究は、いわゆる「ピューリタン革命」や「名誉革命」期の国王と議会の対立関係の研究が中心で、一八世紀にはマコーリなどに代表されるホイッグ史観にもとづく国王と議会の国制史研究あるいはカーライルのようなクロムウェルとピューリタニズムをもっぱら賛美する方法がとられた。そして、ここではフランス革命にたいする名誉革命の優越（フランス革命のギロチン的残虐さにたいして名誉革命では一滴の血も流さなかったこと）が強調されていた。しかし一九世紀後半に入るとイギリス革命研究に変化が起こる。その突破口となったのがおそらく今回訳出した、トマス・ヒル・グリーンの「イギリス革命論」ではないかと思われる。

まず、グリーンが一七世紀の事件を「イギリス革命」とネーミングしているのに驚かされる。リチャードソン（『イギリス革命論争史』、一九七七年〔今井宏訳、刀水書房、一九七九年〕）によるとイギリス革命という名称はフランスの政治家・歴史家ギゾー（一七八七―一八七四年）のネーミングに始まる

（『イギリス革命史』六巻、一八二六―五六年）とされているが、一七世紀の二つの革命を全面的に論じたイギリスの政治家・歴史家マコーリ（一八〇〇―五九年）の『イングランド史』五巻（一八四八―六一年）ではイギリス革命という名称はでてこない（第一次・第二次内乱とされている）。一八世紀にはバーク（一七二九―九七年）は、『フランス革命の省察』（一八九〇年）のなかで名誉革命（ホイッグの庶民院議員ジョン・ハムデン（一六五三―九六年）が一六八九年の秋、貴族院の某委員会開催前におこなわれた宣誓のなかで、この用語を用いたのが最初だと言われている）という名称を用いて人権・自由の点でイングランドはフランスに勝ると誇らしげに述べているが、「国王殺し」をおこなったピューリタン革命については口をつぐんでいる。

　そしてフランス革命以後イギリスでは、ピューリタン革命の名は一時期姿を消し「イギリス革命」とはもっぱら「名誉革命」のこととされた。イギリス革命という名称によってピューリタン革命と名誉革命を連続した革命と捉える必要性を提唱したのはクリストファー・ヒルの『イギリス革命』（一九四一年（田村秀夫訳『イギリス革命』創文社、一九五六年））であった。これはおそらくマルクス主義的階級史観のゆえにであろう。したがって一九四五年八月一五日の敗戦以後、日本においてイギリス革命研究が解禁されたとき、われわれはこのヒルの『イギリス革命』を基本にして研究を開始したのである（もっとも明治初年に福澤諭吉が『西洋事情』の初編や二編において、一七世紀の政治改革によってイギリスに人権や自由や民主主義がもたらされたこと、民友社の竹越与三郎が『格朗空《クロムウェル》』（一八九〇年（明治二五年））を書き、キリスト教社会主義者の木下尚江〔一八六九―一九三七年〕が『良人の告白』〔一九〇四―〇六年〕でクロムウェルに出会って傾倒するに至ったこと、また一八九一年〔明治二四年〕一月九日に第一高等中学校において教育勅語奉読式に参列したさいに最敬礼をせずに軽く頭を下げたために「不敬事件」として免職させられた内村鑑三〔一八六一―一九三〇年〕が、トマス・カーライルの『クロムウェルの書簡と演説』を読んでクロムウェルとカーライルを尊敬し、またピューリタンに親近感をもつに至った事情については、今井宏『明治日本とイギリス革命』〔研究社出版、一九七四年〔昭和四九年〕〕にくわしい）。そして戦後から数えて約六五年、日本においてもイギリス革命研究は政治・経済・社会・思想・宗教の全分野から総合的に研究する方法が確立されていき、こんにちのような革命史研究の進展をみせるようになった。では今回訳出したグリーンの『イギリス革命講義』はイギリス革命研究史のなかでどのような地位を占めているのか。

六

これまで戦後日本におけるイギリス革命研究の概要について述べてきた。そして戦後第一世代の研究者たちがイギリス革命と近・現代デモクラシーの発展とを関連づけて追求しようとしていたのに比して、ここ二〇・三〇年間の研究方法は、各論では詳細になったことはまちがいないが、そのために革命の全体像やイギリス革命の近代デモクラシー上の意義をグローバルな形で追求する研究傾向が薄れているのではないか。今回トマス・ヒル・グリーンの『イギリス革命講義』を読んで私は、現代のイギリス革命研究において必要ななにかが見失われているのではないかと思うようになった。

世界史上、すぐれた思想家たちの研究、たとえばアリストテレスの『政治学』、マキャヴェリの『君主論』、グロチウスの『戦争と平和の法』、ホッブズの『リヴァイアサン』、ロックの『統治二論』、ルソーの『社会契約論』、ペインの『コモン・センス』、ベンサムの『道徳と立法の諸原理序説』、マルクス・エンゲルスの『共産党宣言』、ミルの『自由論』、カーの『平和の条件』、ラスキの『近代国家の自由』などはすべて、当時の政治社会における最重要な課題を解決することを目指して書かれたものである。グリーンの『イギリス革命講義』もこの種のものであったと言える。

グリーンの「イギリス革命講義」は、一八六七年（その翌年明治維新により日本が近代国家へ転進）末から六八年初頭にかけておこなわれた。そして、この年はイギリスの近代史上、きわめて重要な時期で第二次選挙法改正がおこなわれ、都市の労働者や小農民にもようやく選挙権が与えられ、選挙民の数も二〇〇万人を超え（一八三二年の第一次選挙法改正で有権者数は九三万人ほどになった）、いわゆる「大衆デモクラシー」の時代が始まった。ミルは都市労働者に新しく選挙権が与えられたこの事実を重視して、人びとはこれからは好むと好まざるとにかかわらず社会主義（ここで言う社会主義とは当時暴力革命とプロレタリアートの独裁を主張していたマルクス主義〔共産主義〕ではなく、サン・シモン、フーリエ的な穏健な社会主義〔マルクスのいわゆる「空想的社会主義」〕を指す。マルクスは『資本論』第一巻〔一八六七年〕をミルに献呈したとされるが、ミルがどう反応したかはわからない）を勉強しなければならないと述べていた。そのほか、一八六〇—八〇年代のイギリスでは、政治的・経済的・社会的に大きな変化が起こりつつあった。この時期にはイギリスでは「世界の工場」と呼ばれたほどに資本主義が発展したが、その結果、貧富の差が拡大し、弱者救済のための福祉国家への転換が模索されていた。そのため七〇年には労働者階級の子弟も教育が受けられる「普通教育法」が、七一年には「労働組合法」が制定された。またこの頃には福祉国家に対応するためにメリット・システム（政権政党に奉仕する官吏を採用する任用主義〔情実主義《パトロネージュ》〕ではない公正な試験で採用する公務員制度）が導入された。これにより近代国家の公務員には「全体の奉仕者」・「政治的中立性」を保つことが要請され、その代償として安定的な終身雇用制が保障され、継続的な福祉的行政事務が可能となった。また「無形の大衆」が出現した「大衆デモクラシー時代」に対応して政党も「公約」を作って大衆の支持に訴えるいわゆる近代政党へと体質を変えていった。こうした状況のなかで、グリーンは、「公共善」の実現のためには、名誉革命体制以来の資本家に有利な「契約自由の原則」と「私有財産の不可侵」を金科玉条とする経済的自由主義を修正して、「個人自由にも制限がありうる」という政治哲学（社会的考え方）の必要性を展開した。

当時イギリス自由党は、経済的自由主義に固執する余り、国家が全体の利益のために個人自由に干渉する政策をとることをためらっていた（この経済的自由主義をとくに主張していたのはスペンサーの『人間対国家』（一八八四年）である）。ところで福祉政策や社会保障制度をすすめるための財源確保のためには富裕な有産者により高率な税金を掛けてそこから上がってくる税金を弱者に再配分する必要があった。しかし自由党はこの政策は自由主義の原理（私有財産の不可侵）に反すると考えなかなか政策転換ができなかった。グリーンはこうした古い政治・社会理論を打破するための哲学原理を考究した。このさいかれはドイツのカントやヘーゲルの哲学を学んで、人間にとって最も重要なこと（目的）は「人格の成長」（カントのいわゆる「人格主義」）にあるとし、それをイギリス流に読みかえて「人間が人間らしく生きること」（ホッブズの「自己保存」）にあると述べ「自由」は「目的」ではなく、「人格の成長」を確保するための「手段」であると述べた。この「目的」と「手段」を転倒させたグリーンの「コロンブスの卵的な発想」を受けたイギリス自由党は、福祉政策に積極的に取り組む方策を一八九一年の党大会で「公約」のなかに盛り込んだのである。

　以上にみてきたようにグリーンが一九世紀後半以降の大変動期に世界に魁けて新しい「社会的」民主主義（自由主義の修正）を提起しえたのは、かれが若い頃から生涯を通じて「歴史」や「古典」を学ぶと同時に、現実「社会」問題に関心をもって「社会改良」のための原理や思想を考えてきたからである。『イギリス革命講義』（一八六七年）や『自由主義的立法と契約の自由』

（一八八一年）などのグリーンの諸著作は、社会改良の情熱を人びとに訴え、また公共善のためには国家が個人自由を制限することもありうる、という考え方を主張したものと言えよう。

七

では、いよいよ『イギリス革命講義』についてごく簡単なコメントをする。なぜ簡単にかと言うと、「人はさまざまなカントを読む」のだから、ここでは私は、必要最小限のガイド役をつとめることだけにとどめるべきだと思うからである。

一、一六四〇年から六〇年に至る一大政治事件（内戦・内乱）に、「イギリス革命」という名称を用いたイギリスの学者はグリーンが最初ではないかと思われる。しかもここでグリーンが「イギリス革命」として考えていたのは「ピューリタン革命」のことであり、一九世紀前半までのマコーリやカーライルなどが「名誉革命」を指していたのとは異なる点に注目すべきである。そしてグリーンが「イギリス革命」を「ピューリタン革命」と観念していたのは、「ピューリタン革命」があってこそはじめて、「無血の」・「名誉ある」ブルジョアジー優位の新しい名誉革命体制が確立されたとみていたからであろう。グリーンにとっては、「名誉革命」後のブルジョア民主主義によるイギリス資本主義の発展が、かれの生きた一九世紀中葉頃までに、さまざまな政治的・経済的・社会的諸矛盾を現出させたと思えたから、かれ以前の歴史家たちのように「名誉革命」を前面に押しだして、世界に向けてイギリス民主主義の優越性を手放しに誇る気にはならなかった――イギリス民主主義の不十分性や欠陥を自覚していたのは一八世紀のトマス・ペインの政治思想（『コモン・センス』一七七六年）のなかにみられる――のであろう。グリーンにとっては「ピューリタン革命」こそが、言葉の正しい意味で「革命」の名に値する政治変革であったのである。

二、次に、グリーンの『イギリス革命講義』を読んで驚くのは、きわめて研究史料が少なかったと思われる条件のもとで、こんにちのわれわれが知っている「ピューリタン革命」の政治過程の全体像をほぼ正しく画いているということである。かれのまえには「イングランド史」としてはマコーリのものがあるくらいで、その内容は一七世紀初頭からその世紀末までの国王と議会との闘争を詳細にえがいているが、それはイギリスが世界に誇る「制限・混合王政」的デモクラシーが確立された国制史の研究が主たるものである。そして、こうした「イギリス革命」の国制史中心の叙述方法は、一九二〇・三〇年代の「危機の二〇年」においてファシズムや社会（共産）主義が世界的に登場してくるまで続くのである。

ところがグリーンのばあいは一六四〇年から六〇年の政治事件の分析にさいして「国制史論争」（国王派か議会派か、ホイッグ派かトーリー派か）は当然の前提として、「イギリス革命」の経過と進展を「宗教闘争」と組み合わせて論じている点にいちじるしい特徴がある。のちにこの「一大政治事件」が「ピューリタン革命」と呼称されるようになるが――「ピューリタン革命」という語は一九世紀末の歴史家ガーディナーの著作のタイトルにみられると言われている――、こういう名称になるのはグリーンが一六四〇年から六〇年の内戦を政治と宗教の両面から考察した研究の結果によるものではないかと思われるが、グリーン自身は、「ピューリタン革命」という名称を用いてはいない。そして、一七世紀中葉の「内戦」あるいは「内乱」の分析に宗教的諸要素――ピューリタニズム、諸セクト、カトリシズム、アングリカニズム――を加えたとき、俄然この政治事件は総合的かつダイナミックに捉えることができるようになったように思われる。

三、しかも、グリーンのばあいは「イギリス革命」を一六世紀初頭に始まる「宗教改革」の総決算と捉えて論じているから、一世紀以上にわたる全ヨーロッパ的な宗教と政治をめぐる理論と闘争を通して「イギリス革命」をみることを可能にしたのである。ではグリーンはいかなる先行研究からこうした宗教問題を学んだのであろうか。これについては私にはよくわからないが、ひとつ言えることは、おそらくグリーンは、ミルトンの宗教問題を取り扱った初期諸論文を読んでいたのではないかと思われる。

グリーンが若い頃からミルトンに傾倒していたことは、かれ一九歳のときにミルトンの『アレオパジチカ』(『言論の自由』一六四四年)の一部をラテン語に翻訳して人びとを驚かせたという逸話からも知られるが、『本訳書』のなかでもしばしばミルトンの政治論文が引用されていることを思えば、かれがミルトンの『イングランド宗教改革論』(一六四一年、原田純・新井明と共訳、一九七六年、未來社)、『教会統治の理由』(一六四二年、新井明と共訳、一九八六年、未來社)を読んでいたことはほぼまちがいないであろう。

私は一九七〇年前後の大学闘争期に、ミルトンの政治論文の重要性に着目し、陸軍経理学校の同期生の生地竹郎《おいじたけお》(東北大学・上智大学教授)と新井明(東京教育大学)の両氏に呼び掛けて未來社から五・六冊のミルトン散文著作集を翻訳出版したが、政治学・哲学・英文学の研究者たちからは当時ほとんど注目されなかったのはまことに遺憾なことであった。それはともかくミルトンのこれらの著作はヨーロッパの宗教改革、イギリスの宗教改革問題を考察するさいの最高・最良の文献・史料である。グリーンが、一七世紀の政治事件に宗教問題の光を当てて分析した功績はきわめて大であったと言っても過言ではあるまい。

四、ところで、グリーンがイギリス革命を分析するさいの宗教問題の重要性を指摘したことは、革命の勢力配置とその性格を明らかにした。それはひとことで言えば、それまでイギリスの歴史家や思想家たちがほとんど触れることのなかったレヴェラーズ(平等派)や諸セクト、ディガーズ、第五王国派などの存在(レヴェラーズなどの名が最初に取り上げられたのは「チャーチスト運動」の時期(一八三七―四八年)と言われている)を明らかにし、それによってグリーンは、イギリス史上、最初で最後の「国王不在《インターレグナム》」の「共和国」を現出させた模様を生き生きと画きだすことが可能となったのである。すなわち、グリーンは、これらの中産ヨーマン層のなかのピューリタンたち（かれらは、「自分はなんのために闘っているかを理解しまた自分が理解しているものを大切にする人びとであり」、クロムウェル鉄騎軍に参加した）からなる軍隊内に職人・徒弟などの下層民たちが参加し、その勢力が台頭するのを恐れた議会内長老派が旧勢力と妥協をはかる動きを抑え、そのことがクロムウェルに「共和国」を作らせる「革命」にまで発展せしめたさまをみごとに分析しているのである。こうして一七世紀中葉のイギリスの内乱は、「内戦」から「革命」へと進展し、その後一六六〇年に王政復古がなされたものの、最終的には一六八八年の「名誉革命」体制が成立したことがわかる。

グリーンは、一九世紀六〇年代における労働者階級の台頭にクロムウェル「共和国」の出現を重ね合わせていたのかも知れない。そして、ここで一つ重要なことは、グリーンは、ピューリタンたちの共和国の建設が短期間で挫折した理由として、かれらの政治的経験の未成熟さにあったことを鋭く指摘しているが、これは「イギリス革命」の教訓を将来において労働者階級が権力を獲得したさいの他山の石とするようにとの注意を喚起していたのかもしれない。しかしグリーンは、クロムウェル「共和国」の実験は、イングランドで長らく続いた絶対王政へもどることを不可能にしたこと、また「良心の自由」をカトリック支配から解放したことにあったと述べ、「イギリス革命」から二〇〇年のあいだこれまでイギリス民衆は眠り続けてきたが、いまこそ、クロムウェルやヴェインが「共和国」を構築した時代の民衆の情熱を思い起こすべきだという力強い言葉でこの講義を結んでいるのである。

解説も終わりに近づいた。ここで本訳書を出版するまでにお力添えいただいた方々への感謝の言葉を述べたい。

まず、もともとこの翻訳は二〇〇七年から二〇〇九年にかけて『聖学院大学総合研究所紀要』№41、№42、№43、№45に四回に分けて連載したものである。今回転用を許された総合研究所所長大木英夫教授および編集を担当された山本俊明氏に感謝したい。

共訳者の佐野正子氏とは、私が聖学院大学客員教授になった二〇〇二年以来、一七世紀研究の同学の友人として交流を続けてきた。今回の訳業においては初訳を担当され、私がそれを検討したが訳業は困難をきわめた。佐野氏のねばり強い献身がなければ本訳書はおそらく陽の目を見ることはなかったであろう。訳業と訳者註の御努力にも心から御礼を申し上げる。また訳出の過程ではいつものことながら東京教育大学時代以来の盟友新井明聖学院大学院教授に、「ピューリタン革命」についてのさまざまな問題点については、首都大学東京教授大澤麦氏に種々教えていただいた。大澤氏には「日本ピューリタニズム学会」創設にさいしても大変にお世話になった。この場を借りてお礼を申し上げたい。またパソコンを操作できない「現代の化石」とも言える私のためにつねに文字を打ち込んでくれる妻秀子にも感謝する。

そして最後になったが、出版事情の極度に悪いこんにちにおいても快く出版を引き受けてくださった未來社社長西谷能英氏および原稿を丹念に精査していただいた編集部の高橋浩貴氏に心から感謝する次第である。

「人に歴史あり」という言葉があるが、「翻訳に歴史あり」である。敗戦後、私を「民主主義的人間」に回心させてくれたトマス・ヒル・グリーンの「魂の書」とも言える『イギリス革命講義――クロムウェルの共和国』を訳し終えて感無量である。

二〇一一年八月一六日盛夏　田中浩

人名索引

ア行

アイアトン、ヘンリ（Henry Ireton, 1611-51）　76, 83-86, 97, 118, 119, 121, 138, 139, 149, 153, 154, 164

　革命期の軍人、政治家。1645年に庶民院議員、46年にクロムウェルの娘婿となる。48年にチャールズ1世の死刑執行令状に署名。義父の補佐官としてクロムウェル体制の確立に努める。アイルランド遠征中に病死。

アッシャー、ジェイムズ（James Ussher, 1581-1656）　45, 48

　ダブリン生まれ。司祭であり、神学教授。1615年に『アイルランド箇条』を起草。25年にアイルランドのアルマー大主教となる。40年にイングランド移住。41年に『初代教会の主教制への復帰』を執筆。英国教会は初代教会の主教制に戻るべきであると論じる。かれの論じた主教制は、修正主教制ないし穏健主教制と呼ばれている。

アンリ4世（Henri IV, 1553-1610）　16

　フランス王（在位1589-1610）。ブルボン王朝を創始。本来はプロテスタントであったが、カトリックに改宗するとともに、1598年、「ナントの勅令」を発布して、国内のプロテスタント（ユグノー）に信仰の自由を認め、ユグノー戦争を終結に導く。

ウィリアムズ、ロジャー（Roger Williams, 1603-83）　33

　ロード・アイランド植民地の建設者。ロンドンで生まれ、ケンブリッジ大学卒業後、1631年にマサチューセッツに移住。セーレムの牧師となるが、ピューリタン神政政治を批判し追放される。36年、ロード・アイランドに植民地を開く。宗教の寛容を説き、ロード・アイランドは宗教的被圧迫者の避難所となる。また、先住民族インディアンの権利を擁護。

ウィンスロップ、ジョン（John Winthrop, 1588-1649）　33

　マサチューセッツ湾植民地の初代総督。ケンブリッジ大学卒業後、1630年にマサチューセッツに移住し、植民地を創設。ボストンを本拠とし、会衆派教会を中心とするタウン共同体を建設する。

ヴェイン卿、ヘンリ（Sir Henry Vane, 1613-62）　28-31, 33-38, 43-45, 48, 57, 58, 65, 76, 77, 96, 98, 115, 131, 142, 149, 158-160, 165, 168-170

　15歳頃ピューリタンとなり、信教の自由を求めて1635年にニュー・イ

ングランドに渡り、翌年マサチューセッツの知事となる。37 年に帰国して庶民院議員となり、ピムの死後、議会派の中心的人物となる。共和政権では国務会議議員に選ばれた（1649-53）が、53 年にクロムウェルが護国卿になることに反対し身を引く。王政復古後、反逆罪で処刑。

エヴァラード、ウィリアム（William Everard, 1649頃活躍）　125

イングランドの急進派ピューリタン、ディガーズの指導者。1649-50 年、土地私有制度の廃止を唱えてジェラルド・ウィンスタリーとともに、サリー州セント・ジョージズ・ヒルで共同耕作に着手し、一種の農業共産社会建設の実験を開始したが、共和国政府により武力解散させられた。

エセックス伯（第三代）（Robert Devrreux, 3rd Earl of Essex, 1591-1646）　55, 92

イングランド貴族、軍人。「権利請願」以来、議会側の主張を支持。初代議会軍総司令官としてエッジヒルの戦いなどを指揮。国王軍にたいしての徹底的な抗戦を回避して、国王との和平交渉に期待をつなぎ、妥協的な姿勢を軍会議において批判される。

エドワーズ、トマス（Thomas Edwards, 1599頃-1647）　74, 75

長老派牧師。独立派の教会論や寛容思想を批判。1646 年に『ガングリーナ』を出版してセクトを攻撃した。

エドワード 6 世（Edward IV, 1537-53）　18

イングランド王（在位1547-53）。ヘンリ 8 世と第三妃ジェイン・シーモアのあいだに生まれ、9 歳で即位。クランマーと摂政サマセット公のもとでプロテスタント化を推し進め、「礼拝統一法」（Act of Uniformity）、「共通祈禱書」（The Book of Common Prayer）、新しい信仰箇条である「四十二か条」を制定し、イングランド国教会の確立に努める。

エリザベス 1 世（Elizabeth I, 1533-1603）　18, 23

イングランド女王（在位1558-1603）。ヘンリ 8 世と第二妃アン・ブリンとのあいだの娘。メアリ女王のカトリック復帰の法令を廃し、「国王至上法」、「礼拝統一法」、「共通祈禱書」を復活させ、「三十九か条」を定め、主教制にもとづく国教会の体制を確立。

オーヴァトン、リチャード（Richard Overton, 1642-63頃活躍）　128, 135

イングランドの急進派ピューリタン、平等派の指導者。1646 年、リルバーンの投獄に抗議してオーヴァトン自身も投獄される。このふたりの投獄に抗議し、釈放を求める大衆運動がロンドンの手工業者や職人を中心に組織され、政治党派として形成される。とくに軍隊内で影響力をもったが、軍幹部との対立を深めて 49 年に反乱を起こし、クロムウェルらに鎮圧される。

カ行

カートライト、トマス（Thomas Cartwright, 1535-1603） 22, 41
エリザベス朝時代のピューリタン運動の指導者。ケンブリッジ大学レディ・マーガレット神学教授であったが、新約聖書の「使徒言行録」にかんする講義において、主教制を批判。当時大学副総長であったジョン・ホイットギフト（1530頃-1604）と対立し、大学から追放され大陸に亡命。

カーライル、トマス（Thomas Carlyle, 1795-1881） 6, 90, 170, 171
イギリスの評論家・歴史家。スコットランドに生まれ、エディンバラ大学で学ぶ。ロマン主義の立場から、功利主義を批判。英雄的指導者による社会の改革、人間性の回復を主張。『衣服哲学』（1834）『フランス革命史』（1837）『英雄崇拝論』（1841）『オリヴァ・クロムウェル』（1845）などを著す。

グスタフ（Gustaf Adolf, 1594-1632） 16
スウェーデン王（在位1611-32）。グスタフ２世とも呼ばれる。カール９世を継いで即位。ドイツのプロテスタント諸侯を支援して三十年戦争に参戦し、戦闘には勝利しながらも戦死。

クラレンドン伯（Edward Hyde, 1st Earl of Clarendon, 1609-74） 31, 37, 38
短期議会および長期議会の国王派議員。1642年まで庶民院で国王派を率いた。43年に財務大臣。皇太子（のちのチャールズ２世）とともに国外に亡命。王政復古により帰国し、国政を指導。クラレンドン法典を出して国教会の確立に努めるが、失脚。再度のフランス亡命中に『イングランド反乱史』（3巻）を完成。

クロムウェル、ヘンリ（Henry Cromwell, 1628-74） 168
オリヴァ・クロムウェルの四男。1654年、アイルランド派遣軍の部将となり、55年以降アイルランド総督。59年、護国卿政権の崩壊により、辞任して引退。

クロムウェル、リチャード（Richard Cromwell, 1626-1712） 168
オリヴァ・クロムウェルの三男。護国卿政権下に議会議員、国務会議議員を務める。父の指名により、58年９月、第二代護国卿に就任。混迷した政情を収拾できず、59年に辞職。

サ行

ジェイムズ１世（James I, 1566-1625）　23, 41

スコットランド王ジェイムズ６世がイングランド王ジェイムズ１世（在位1603-25）として即位。即位の翌年 1604 年に、国教会の主教側とピューリタン指導者側との宗教的協議の場を設け、ハンプトン・コート会議を開催するが、「主教なければ国王なし」（No Bishop, no King）と述べて、主教制の堅持を表明。王権神授説をとり、絶対王政を布く。欽定訳聖書を作成。

スコット卿、ウォルター（Sir Walter Scott, 1771-1832）　45, 168

スコットランド生まれの詩人、小説家、法律家。『アイヴァンホー』（1820）『ケニルワース』（1821）などの歴史小説を執筆。

ステイプルトン卿、フィリップ（Sir Philip Stapleton, 1603-1647）　55, 73

ヨーク州出身の議員、軍人。

ステリ、ピーター（Peter Sterry, 1613-72）　29

ケンブリッジ・プラトン学派のひとり。ヴェインやバクスターと親しく、共和政期の国務会議付き説教者に選任される。『自由意志論』（1675）を死後に出版。

セルデン、ジョン（John Selden, 1584-1654）　49, 50

法学者、庶民院議員。ウェストミンスター神学者会議に出席。「権利請願」の起草に参加。エラストス主義者で長老主義の神定論に反対した。

セント・ジョン、オリヴァ（Oliver St. John, 1598頃-1673）　67, 76, 78, 96, 132, 142, 157, 160

革命期の政治家、法律家。ケンブリッジ大学卒業。リンカン法学院を経て、法廷弁護士となる。1640 年には短期議会、長期議会の庶民院議員。ウェストミンスター神学者会議に出席。47 年以降の軍と議会の対立では軍を支持。王政復古後、公職を追放され、大陸を放浪。

ソルトマーシュ、ジョン（John Saltmarsh, 1647歿）　77

軍司令部つきの説教者。無律法主義的、神秘主義的傾向があった。

タ行・ナ行

ダンテ（Dante Alighieri, 1265-1321）　9

イタリアの詩人。政治家として活躍しフィレンツェの行政長官となるが、政変による追放後、放浪のうちに著作を続ける。叙事詩『神曲』、叙情詩『新生』、散文『俗語論』『饗宴』などを著す。

> ジェイムズ1世の次男、イングランド王（在位1625-49）。1629年から40年まで、無議会の専制政治をおこなう。フランス王アンリ4世の娘ヘンリエッタ・マリアと結婚。残部議会により「反逆者」として処刑される。

ネイラー、ジェイムズ（James Nayler, 1618頃-60）　166

> フォックスとならぶ草創期クエイカー運動の指導者。議会軍に参加後、1651年、ジョージ・フォックスとの出会いを契機に、クエイカーとなる。

ハ行

聖パウロ（Paul, 10頃-65頃）　9, 11, 75

> 初期キリスト教の代表的な伝道者。小アジアのタルソスに生まれ、ローマ市民権をもったユダヤ人。異邦人へのキリスト教伝道に大きな役割を果たす。新約聖書に残されたパウロの書簡は、後世の神学の基礎となる。ローマ皇帝ネロの迫害により殉教したとされる。

バクスター、リチャード（Richard Baxter, 1615-91）　28, 33, 36, 38, 49, 61-66, 79, 90, 101, 111, 112, 167, 168-170

> 共和政期にはキダーミンスタの教区牧師を務める。ネーズビィの戦い以後、議会軍の従軍牧師となる。王政復古後、1662年に「礼拝統一法」により「非国教徒」となる。バクスターが残した自伝的覚書を、シルベスターが『バクスター自叙伝』として、1696年に編集して出版。

ハチンソン、アン（Anne Hutchinson, 1591-1643）　31-33, 65, 84, 96, 111, 120, 121

> ニューイングランド植民地初期の宗教活動家。異端と教唆の罪で追放され、インディアンに殺害された。

バーネット、ギルバート（Gilbert Burnet, 1643-1715）　36-38, 167

> 1669年よりグラスゴー大学神学教授。ジェイムズ2世の即位に反対して、85年、オランダに亡命。名誉革命にさいし従軍牧師として同行。89年にソールズベリ主教となる。主著は『イギリス宗教改革史』。

ハミルトン、ジェイムズ（James Hamilton, 1st Duke of Hamilton, 1606-49）　99, 120, 133, 142, 143, 145

> スコットランドの政治家。オクスフォード大学卒業後、1625年、枢密顧問官となり、チャールズ1世のスコットランド関係事項の助言者となる。国王派として、ピューリタン革命の第二次内戦でスコットランド議会を掌握して大軍を集め、イングランドに侵入したが、48年8月、プレストンの戦いでクロムウェルに敗れ、処刑された。

ハムデン、ジョン（John Hampden, 1594-1643）　78

オリヴァ・クロムウェルの母方の従兄。オクスフォード大学と法学院に学び、1621年、庶民院議員となる。42年にチャールズ1世が逮捕を試みた議員のひとり。43年、オクスフォード攻略のさいに戦死。

ハモンド、ロバート（Robert Hammond）　145, 146

クロムウェルの従兄弟。チャールズ1世が逃亡生活を送っていたときのワイト島総督。

ハリソン、トマス（Thomas Harrison, 1606-60）　63, 64, 119, 127, 128, 158, 164

革命期の軍人。1646年、庶民院議員となる。48年にチャールズ1世の死刑執行令状に署名。「第五王国派」の指導者となり、クロムウェルと対立。王政復古後、国王弑逆者として処刑された。

ビドル、ジョン（John Biddle, 1615-62）　166

オクスフォード大学卒業、1645年に説教で聖霊の神性を否定したため投獄され、55年から58年までシチリア島に追放。62年にふたたび投獄され獄死。

ピム、ジョン（John Pym, 1584-1643）　30

短期議会と長期議会の庶民院議員。短期議会ではチャールズの課税要求に反対、長期議会ではストラフォードとロードの弾劾において主導的役割を果たす。革命勃発後は議会派の指導者となるが、まもなく病死。

ヒューム、デイヴィッド（David Hume, 1711-76）　37

スコットランド出身の経験論哲学者。イギリス経験論を徹底化し、形而上学的偏見の排除を試みる。主著は『人間本性論』（1738-40）。

フェアファクス卿、トマス（Sir Thomas Fairfax, 3rd Baron Fairfax of Cameron, 1612-71）　79, 87, 92, 133, 150, 171

革命期の軍人。1644年、マーストン・ムアの戦いの勝利に貢献。「ニュー・モデル軍設立条例」（1645）により組織された議会軍の初代総司令官に就任し、第一次内戦を終結に導く。その後、国王処刑、共和国樹立には積極的に関わらず、50年、スコットランド遠征を拒んで総司令官を辞任し引退。

フォックス、ジョージ（George Fox, 1624-91）　39, 128

クエイカー派の創立者。職工の子であり靴屋の徒弟となったが、放浪生活ののち1643年に回心を経験。47年に説教を始め、「内なるキリスト」「内なる光」による救済を説く。激しい迫害に屈せず、イングランド各地を伝道旅行し、さらに57年以降、伝道のために北アメリカ、オランダ等にもおもむく。死後、『日記』（1694）が出版された。

フッカー、リチャード（Richard Hooker, 1554-1600）　22

エリザベス時代のイングランド国教会の擁護者、オクスフォード大学ヘブライ語担当教授。その後、テンプル教会の主任司祭として、ピューリタン指導者のウォルター・トラヴァース（1548頃-1643）と論争。8巻からなる主著『教会政治理法論』（1594-1600）を著わし、アングリカン神学を体系化、カトリックとプロテスタントとの「中道」と規定。

ブラウン、ロバート（Robert Browne, 1550頃-1633）　24-28

国教会から離脱した最初の分離派（Separatist）。1581年にノリッジで教区教会（Parish church）という枠を超えて信徒集団（会衆〔Congregation〕）としての教会（会衆教会）を設立したが、弾圧されミデルブルクへ亡命。会衆教会主義の父と呼ばれる。

フリートウッド、チャールズ（Charles Fleetwood, 1618-92）　168

革命期の軍人。ダンバーの戦いやウスターの戦いで戦功をあげる。クロムウェルの娘婿であり腹心のひとり。1651年に国務会議議員、52年にアイルランド総督となり、55年より57年まで軍政長官。クロムウェルの死後、マンク軍により敗退。王政復古後、公職から追放される。

ヘイリン、ピーター（Peter Heylin, 1600-62）　22

ロード派の神学者。『安息日の歴史』（1636）において、サバタリアニズム（安息日厳守主義）の元凶としてピューリタンを糾弾。

聖ペテロ（Peter, 64頃歿）　9, 24

イエス・キリストの十二使徒のひとりで、弟子たちのなかで指導的役割を果たす。ガリラヤの漁師であったがイエスの弟子となり、宣教に従事。イエスの死後、エルサレム教会の指導者となる。ローマ皇帝ネロの迫害によりローマで殉教したとされる。

ベーメ、ヤコブ（Jakob Bohme, 1575-1624）　36

ドイツの神秘主義的哲学者。1612年に『曙光』（Aurora）を著わし、神秘的な汎神論と自然哲学とを接合。

ベリー、ジェイムズ（James Berry, 1655頃歿）　63, 79

クロムウェルの軍司令官のひとり。バクスターに従軍牧師になるようにはたらきかけた。

ヘンリ8世（Henry VIII, 1491-1547）　18, 42

イングランド王（在位1509-47）。王妃カサリン（アラゴンの）との離婚問題を機に、1534年に「国王至上法」（Act of Supremacy）を制定。国王を「イングランド教会の唯一の地上における最高の首長」と規定し、カトリック教会から独立してイングランド国教会を樹立。

ホリス、デンジル（Denzil Holles, 1st Baron Holles, 1598–1680）　73, 80, 81, 97, 98, 118

クレア第一代伯爵の次男、短期議会・長期議会の議員、1642年に国王が強硬な反国王派として逮捕しようとした5名の議員のひとり。その後は長老派として独立派や軍と対立した。

ホワイトロック、ブルストロード（Bulstrode Whitelocke, 1605–75）　49–51, 55, 56, 73, 80, 89, 90, 104, 115–117, 125, 126, 132, 133, 138, 149, 157, 160, 161, 168, 170, 171

1626年に法曹に入り、40年、長期議会議員となる。内戦では、オクスフォード交渉、アクスブリッジ交渉に参加し、国王側と折衝。エラストス主義者として、ウェストミンスター神学者会議と議会で長老派の神定論に反対する。クロムウェルの側近のひとり。1925年から60年にわたる『回想録』を残し、ピューリタン革命期の貴重な資料となる。

マ行

マーヴェル、アンドリュ（Andrew Marvell, 1621–78）　82, 93, 99, 134

イングランドの詩人、政治家。議会派を支持し共和主義者となる。ジョン・ミルトンとともにクロムウェル政権の外国語秘書官を務める。

マーティン卿、ヘンリ（Sir Henry Marten, 1602–80）　76, 77, 96, 98, 100, 101, 104, 117–119, 122, 123, 129, 130, 158

革命期の政治家、法律家。オクスフォード生まれ。オクスフォード大学卒業。1640年に短期議会議員、長期議会議員に選出され、急進的な共和主義者として活躍。43年にはロンドン塔に収監されるが46年には議会復帰。48年、チャールズ1世の死刑執行令状に署名。王政復古後、チェプストゥに投獄され獄死。

マンク、ジョージ（George Monck, 1st Duke of Albemarle, 1608–70）　117, 168

ネーズビィの戦い以後内戦の形成が逆転すると、1646年、国王軍から議会軍に身を転じ、50年、クロムウェルの信任を得てスコットランド制圧軍総司令官となる。59年、ランバートが政権をとると軍を率いて南下し王政復古の道を開く。その功によりアルベマール公爵に任じられた。

ミュンツァー、トマス（Thomas Müntzer, 1489–1525）　12

ドイツの急進的宗教改革者。ルターによる宗教改革運動を支持したが、その妥協的な態度にあきたらずキリスト教的な社会改革をめざして、農民戦争を指導。諸侯の連合軍に敗れ斬首される。

ミルトン、ジョン（John Milton, 1608–1674）　22, 23, 29, 37, 41, 51, 75, 91, 93, 107, 111, 112, 114, 117, 130, 131, 133, 134, 136, 153, 171

イングランドの詩人、政治家。ロンドン生まれ、ケンブリッジ大学卒業。

革命期には『言論・出版の自由』(1644)『偶像破壊者』(1649)『イングランド国民のための第一・第二弁護論』(1651, 53) など多くの宗教的・政治的論文を著わし共和主義を擁護、共和政府の外国語秘書官として活躍。52年に失明、王政復古後の投獄を経て、67年には代表作となる叙事詩『失楽園』を出版。

メアリ1世 (Mary I, 1516-58)　18
　イングランド女王 (在位1553-58)。ヘンリ8世と第一妃カサリンとのあいだの娘。カール5世の息子 (のちのスペイン王フェリペ2世) と結婚し、カトリックへの復帰を企て、異端令によってプロテスタント弾圧を強行。このことによって「血まみれのメアリ」と呼ばれる。

ラ行

ライトフット、ジョン (John Lightfoot, 1602-75)　49
　アシュリューの教区牧師を務めたのち、内戦によりロンドンのセント・バーソロミューズ教会牧師。ウェストミンスター神学者会議に出席。エラストス主義者で独立派の教会論に反対する。

ラザフォード、サミュエル (Samuel Rutherford, 1600頃-61)　52
　スコットランドのセント・アンドリューズ大学神学教授。51年、同大学学長となる。スコットランド特命委員として、ウェストミンスター神学者会議に出席。著書『法は王』(1644) で王権神授説に反対する。

ラドロー、エドマンド (Edmund Ludlow, 1617-92)　95-97, 117, 118, 144, 151
　革命期の軍人政治家。1646年から庶民院議員。49年、国王裁判では判事を務めて弑逆者のひとりとなる。共和国時代には国務会議議員、51年、アイルランド遠征に加わり、アイアトンの死後アイルランド副総督となる。急進的な共和主義者として、クロムウェル政権を批判し、55年、政界から引退。59年に復帰したが、王政復古後にスイスに亡命。

ランバート、ジョン (John Lambert, 1619-83)　119, 120, 156, 158, 168
　姻戚にあたるフェアファクス指揮下の議会軍に参加。戦功により軍幹部の一員となる。1648年、北部司令官に任じられ、国王派のスコットランド軍を破る。「統治章典」を起草し、これに基づいて成立した護国卿政権において活躍。59年にマンクとの抗争に敗北。王政復古後、セントニコラス島にて20年余り獄中生活を送る。

リシュリュー (Duc de Richelieu, 1585-1642)　17
　フランスの政治家、枢機卿。ルイ13世の宰相を18年間務め、絶対王政の基礎をきずく。三十年戦争に干渉して、ハプスブルク家打倒を試みる。

リルバーン、ジョン（John Lilburne, 1614頃-57）　119, 122-124, 135

イングランドの急進派ピューリタン、平等派の指導者。1638年、オランダから違法なピューリタン文書を密輸して40年まで投獄される。議会軍に加わるが、45年、軍幹部と対立して除隊。急進的な社会改革を唱えるパンフレットをつぎつぎに著わして、しばしば逮捕、投獄される。平等派の政治綱領である「人民協約」（1647）の起草にかかわる。

ルター、マルティン（Martin Luther, 1483-1546）　11, 12, 17, 18, 26, 39

ドイツの宗教改革者。1517年、教皇庁による贖宥状（免罪符）発行を批判して「九十五か条の提題」を公けにし、教皇から破門。これが宗教改革運動の発端となる。信仰義認論、聖書主義、万人祭司主義を宗教改革の理念として表明する。

ロード、ウィリアム（William Laud, 1573-1645）　22, 23, 27, 28, 30, 42, 54, 169

オクスフォード大学で学び、チャールズ1世に重用され、1633年にカンタベリ大主教となる。宗教政策の最高顧問として国教会を改革。かれのカトリック寄りの改革に反対したピューリタンを弾圧し、革命勃発後、処刑される。

ロビンソン、ジョン（John Robinson, 1575頃-1625）　24-26, 44

ケンブリッジ大学トリニティ・コレッジで学びフェローとなる。分離派の指導者となり迫害を受けてオランダに亡命。メイフラワー号でアメリカのプリマスに渡ったピルグリム・ファーザーズの信仰的指導者。ロビンソン自身は渡航を果たせぬままライデンで客死。

トマス・ヒル・グリーン（Thomas Hill Green）
1836年英ヨークシャー生まれ、1882年歿。オックスフォード大学卒業後、同大学で哲学・倫理学の教授を務め、T・H・グロウスと共にディヴィッド・ヒューム全集を編纂した。公共善と個人の自由との両立を考究し、当時のイギリス自由党の政策決定のみならず20世紀の福祉政策に大きな影響を与えた。日本語訳に『グリーン氏倫理学』（西晋一郎訳、金港堂、1902年）。『政治義務の原理』（北岡勲訳、駿河台出版社、1953年）『イギリス教育制度論』（松井一麿ほか訳、御茶の水書房、1983年）。

田中 浩（たなか・ひろし）
1926年佐賀県生まれ。東京文理科大学哲学科卒業。現在、聖学院大学大学院教授、一橋大学名誉教授。法学博士。政治思想専攻。著書に『長谷川如是閑研究序説』（未來社、1989年）『カール・シュミット』（未來社、1992年）『近代日本と自由主義』（岩波書店、1993年）『〔改訂増補版〕ホッブズ研究序説』（御茶の水書房、1994年）『日本リベラリズムの系譜』（朝日選書、2000年）『〔新版〕国家と個人』（岩波書店、2008年）ほか。訳書にシュミット『政治的なものの概念』（共訳、未來社、1970年）ミルトン『イングランド宗教改革論』（共訳、未來社、1976年）『教会統治の理由』（共訳、未來社1986年）『離婚の自由について』（共訳、未來社、1992年）『離婚の教理と規律』（共訳、未來社、1998年）ほか。

佐野正子（さの・まさこ）
1961年埼玉県生まれ。国際基督教大学大学院比較文化研究科博士前期課程修了。Ph. D（聖学院大学）。現在、聖学院大学政治経済学部准教授。歴史神学専攻。著者に『言葉と想像力』（共著、開文社、2001年）『歴史と神学』下巻（共著、聖学院大学出版会、2006年）。訳書にA・D・リンゼイ『わたしはデモクラシーを信じる』（共訳、聖学院大学出版会、2001年）M・L・スタックハウス『公共神学と経済』（共訳、聖学院大学出版会、2004年）A・マックグラス編『キリスト教神学資料集』上・下巻（共訳、キリスト新聞社、2007年）ほか。

[転換期を読む 13]

イギリス革命講義――クロムウェルの共和国

2011年8月30日　初版第一刷発行

本体2200円＋税――定価

トマス・ヒル・グリーン――著者

田中浩・佐野正子――訳者

西谷能英――発行者

株式会社　未來社――発行所

東京都文京区小石川3－7－2
振替 00170-3-87385
電話(03)3814-5521
http://www.miraisha.co.jp/
Email:info@miraisha.co.jp

精興社――印刷
五十嵐製本――製本

ISBN 978-4-624-93433-0 C0322

未紹介の名著や読み直される古典を、ハンディな判で

シリーズ❖転換期を読む

1 望みのときに
モーリス・ブランショ著◉谷口博史訳◉一八〇〇円

2 ストイックなコメディアンたち——フローベール、ジョイス、ベケット
ヒュー・ケナー著◉富山英俊訳／高山宏解説◉一九〇〇円

3 ルネサンス哲学——付：イタリア紀行
ミルチア・エリアーデ著◉石井忠厚訳◉一八〇〇円

4 国民国家と経済政策
マックス・ウェーバー著◉田中真晴訳・解説◉一五〇〇円

5 国民革命幻想
上村忠男編訳◉一五〇〇円

6 〔新版〕魯迅
竹内好著◉鵜飼哲解説◉二〇〇〇円

7 幻視のなかの政治
埴谷雄高著◉高橋順一解説◉二四〇〇円

〔消費税別〕

8 当世流行劇場――18世紀ヴェネツィア、絢爛たるバロック・オペラ制作のてんやわんやの舞台裏

ベネデット・マルチェッロ著◉小田切慎平・小野里香織訳◉一八〇〇円

9 〔新版〕澱河歌の周辺

安東次男著◉粟津則雄解説◉二八〇〇円

10 信仰と科学

アレクサンドル・ボグダーノフ著◉佐藤正則訳◉二二〇〇円

11 ヴィーコの哲学

ベネデット・クローチェ著◉上村忠男編訳◉二〇〇〇円

12 ホッブズの弁明／異端

トマス・ホッブズ著◉水田洋編訳・解説◉一八〇〇円

本書の関連書 〔消費税別〕

*イングランド宗教改革論

ジョン・ミルトン著◉原田純・新井明・田中浩訳◉一二〇〇円

*教会統治の理由

ジョン・ミルトン著◉新井明・田中浩訳◉一五〇〇円

*離婚の自由について――マーティン・ブーサー氏の判断

ジョン・ミルトン著◉新井明・田中浩・松並綾子訳◉一八〇〇円